MW01634521

Ma première Encyclopédie

PLANÈTE TERRE

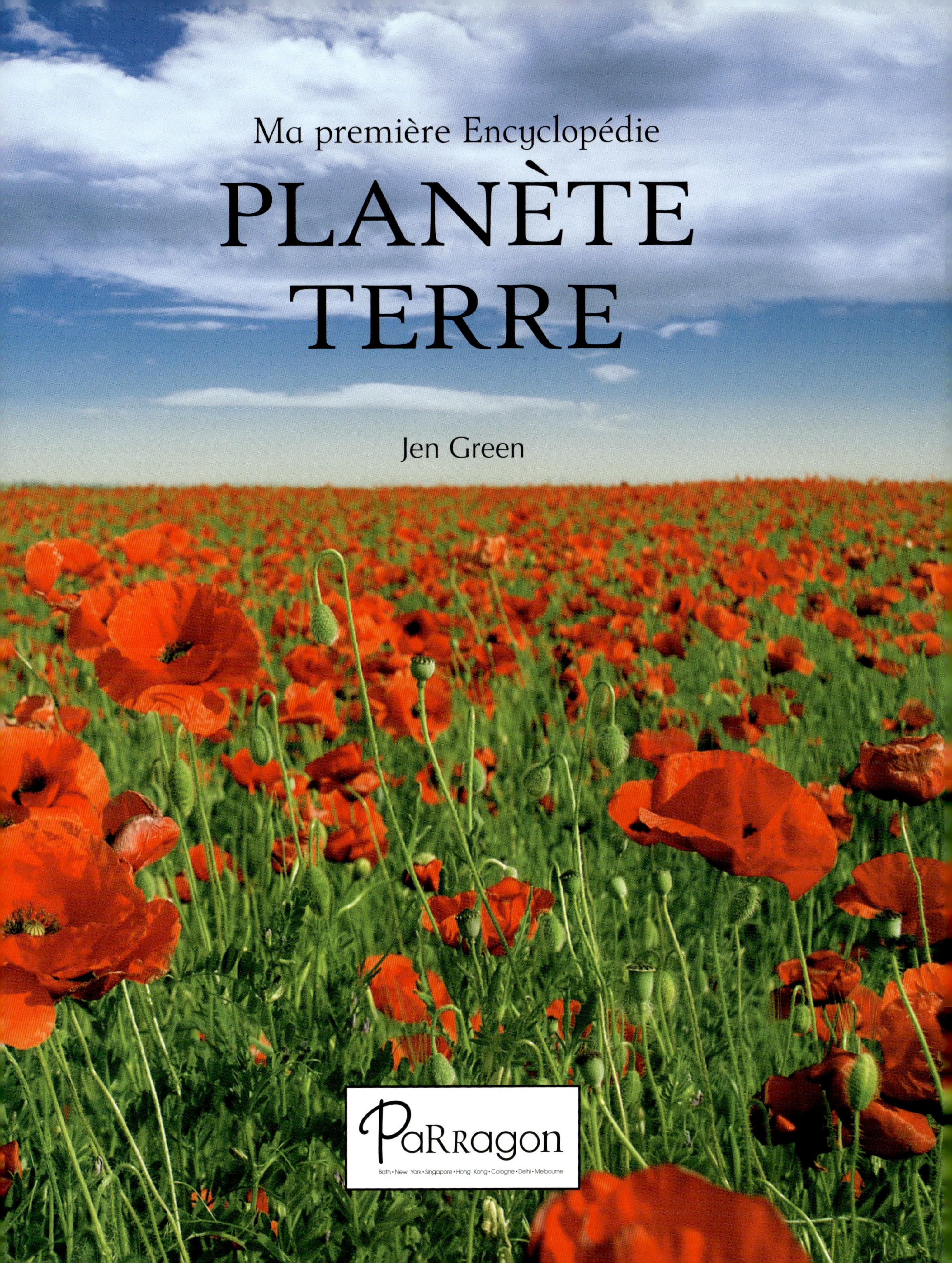
Ma première Encyclopédie
PLANÈTE TERRE
Jen Green
Parragon
Bath • New York • Singapore • Hong Kong • Cologne • Delhi • Melbourne

Copyright © Parragon Books Ltd
Queen Street House
4 Queen Street
Bath BA1 1HE
Royaume-Uni

Auteur : Jen Green
Consultant : John Williams
Réalisation : Tall Tree Ltd, Londres

Réalisation et adaptation : Belle Page, Boulogne
Traduction de l'anglais : Valérie Feugeas

ISBN 978-1-4075-7239-0

Imprimé en Chine

Sommaire

Introduction

Vue de l'espace, la Terre ressemble à un gros ballon bleu entouré de nuages blancs. Notre planète offre les conditions idéales pour la survie des plantes et des animaux. Le Soleil éclaire et réchauffe la Terre. L'eau remplit les rivières et les océans, et l'air contient un gaz appelé oxygène dont toute vie a besoin pour respirer.

Ce livre explique tout ce qui concerne la Terre, ses roches et ses sols, ses montagnes, ses vallées, ses rivières et ses océans. Tu sauras tout sur les tremblements de terre et les volcans. Tu connaîtras aussi les différents climats de notre planète.

À la fin du livre (p. 216), un glossaire t'aidera à comprendre les mots difficiles.

Notre planète

La Terre est une boule rocheuse qui file à toute allure dans l'espace en tournant autour du Soleil. Elle est la seule planète connue où l'on trouve de la vie. Ce chapitre explique comment la Terre tourne, comment elle s'est formée et comment la vie y est née et s'y est développée. Tu comprendras la succession du jour et de la nuit, les variations climatiques naturelles, ainsi que le rythme des saisons.

Notre système solaire

La Terre est l'une des huit planètes qui tournent autour du Soleil. Le Soleil, les huit planètes et d'autres corps célestes plus petits (Pluton) forment le système solaire. En tournant autour du Soleil, la Terre comme les autres planètes parcourent leur chemin : leur orbite.

LE SAIS-TU ?

La Terre tourne autour du Soleil à plus de 100 000 kilomètres à l'heure. Chaque année, elle parcourt près de 940 millions de kilomètres pour faire un tour complet.

Les planètes

La Terre est la troisième planète la plus proche du Soleil, après Mercure et Vénus. Elle est la quatrième plus grosse planète, mais toutes sont minuscules à côté du Soleil.

Soleil

Mercure

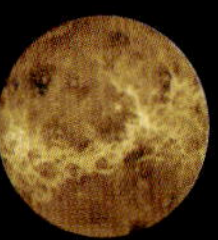

Vénus

Terre

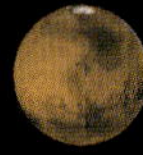

Mars

Jupiter

Le Soleil

Le Soleil est l'étoile la plus proche de nous. Cette énorme boule de feu envoie de la lumière et de la chaleur dans toutes les directions. Les rayons du Soleil éclairent et réchauffent la Terre. Sans sa chaleur et son énergie, rien ne pourrait survivre sur terre.

La Terre

Si la Terre paraît bleue depuis l'espace, c'est parce qu'elle est surtout composée d'océans. L'équateur est une ligne imaginaire divisant la Terre en deux moitiés appelées hémisphères. Les pôles sont les régions situées aux extrémités nord et sud de la Terre.

Les étoiles

Toutes les étoiles qui brillent la nuit dans le ciel sont des soleils, comme notre Soleil. Aussi incroyable que cela puisse paraître, le Soleil n'est qu'une des 100 milliards d'étoiles que compte notre partie de l'Univers. Cet immense groupe d'étoiles s'appelle la Voie lactée.

La rotation de la Terre

La Terre semble immobile. Pourtant, elle tourne sur elle-même tout en décrivant un cercle autour du Soleil. Ce mouvement est sa rotation. Il faut 24 heures à la Terre pour accomplir une rotation complète sur son axe, ce qui correspond à un jour.

Jour et nuit

La Terre pivote autour d'une ligne imaginaire : son axe. Il relie les pôles Nord et Sud. Quand la Terre se tourne vers la lumière du Soleil, il fait jour. Quand elle se détourne de la lumière du Soleil, il fait nuit.

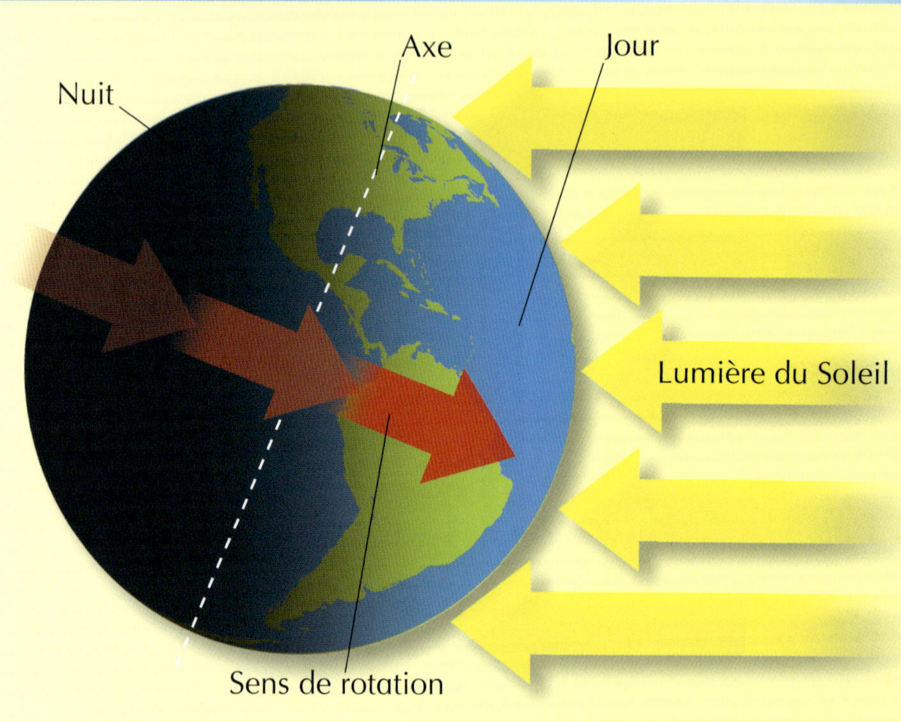

Quand il fait jour

Quand le jour commence, le Soleil apparaît se levant à l'est. Puis il se déplace par le sud à travers le ciel et descend pour se coucher à l'ouest. Or, en réalité, le Soleil ne bouge pas. C'est la rotation de la Terre qui produit cet effet.

Quand un objet arrête la lumière du Soleil, il projette une ombre. Si tu lèves la main, ton ombre la lève aussi !

Quand il fait nuit

Quand la partie de la Terre où tu habites se détourne du Soleil, il fait nuit. La Lune et les étoiles brillent dans l'obscurité. La Lune ne produit pas de lumière, mais elle est éclairée par le Soleil.

LE SAIS-TU ? Le Soleil se trouve à environ 150 millions de kilomètres de la Terre. Il faut à peine plus de 8 minutes à la lumière du Soleil pour atteindre la Terre. La lumière parcourt près de 300 000 kilomètres par seconde.

Oiseaux de nuit

La plupart des gens et des animaux restent éveillés le jour. Ils s'affairent quand le Soleil brille et que l'on voit clair. En général, nous dormons la nuit parce qu'il fait sombre et que l'on ne voit pas grand-chose. Mais certains animaux, comme les hiboux, chassent la nuit.

Avec ses grands yeux, le hibou chasse sa proie au crépuscule ou au clair de lune.

L'orbite de la Terre

Pendant que tu lis tranquillement ces lignes, la Terre poursuit sa course autour du Soleil : on dit qu'elle est en orbite. Un tour complet prend 365 jours et quelques heures, ce qui correspond à une année. L'axe de la Terre est incliné sur son orbite, et c'est ce qui produit les changements réguliers que nous appelons saisons.

L'inclinaison de la Terre

La Terre est inclinée alors qu'elle pivote sur elle-même et tourne autour du Soleil. Cette inclinaison a pour effet de rapprocher ou d'éloigner certains endroits de la Terre du Soleil, à différents moments de l'année.

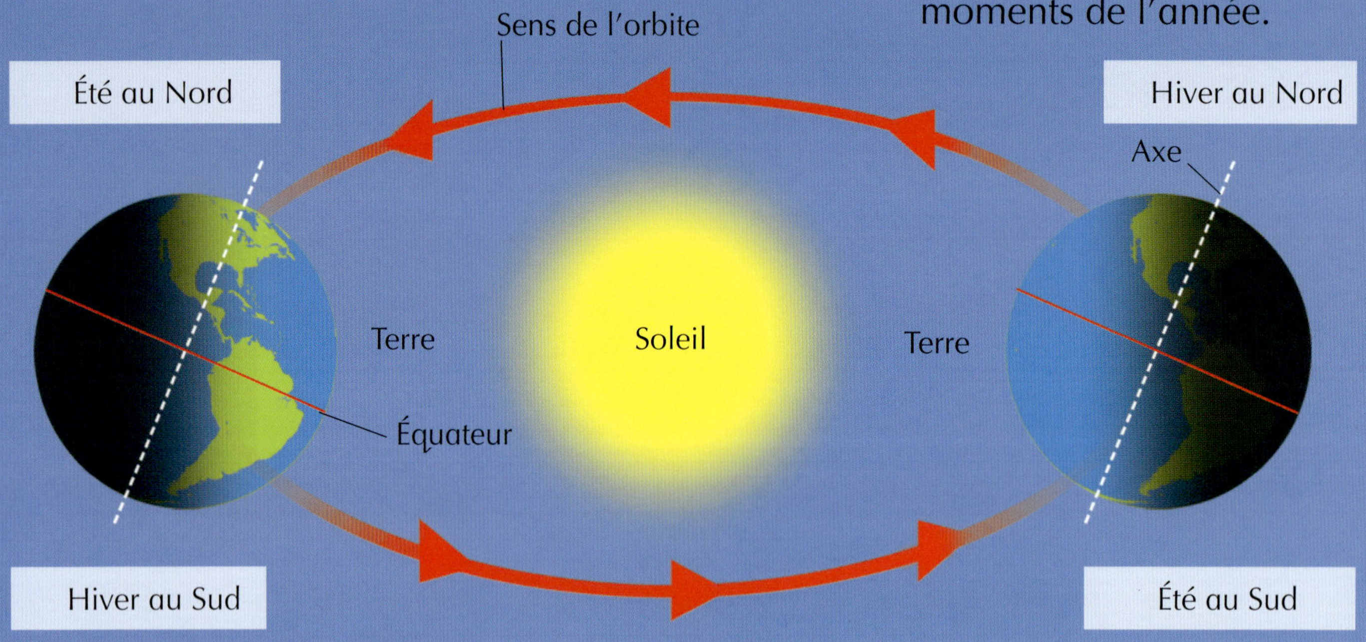

Les saisons

Quand la moitié nord de la Terre s'incline vers le Soleil, cette partie de la planète est en été. Dans la moitié sud qui s'écarte du Soleil, c'est l'hiver. Six mois plus tard, l'inclinaison de la Terre produit l'effet contraire et les saisons sont inversées.

LE SAIS-TU ?

Aux pôles, les changements de saison sont plus visibles, on y ressent plus qu'ailleurs les effets de l'inclinaison de la Terre.

Des jonquilles au printemps.

Le printemps

Au printemps, la partie de la planète où tu vis commence à s'incliner vers le Soleil. Les jours rallongent, le temps se réchauffe et la végétation commence à se développer.

L'été

En été, les jours sont longs et les nuits sont courtes. L'endroit où tu vis est incliné vers le Soleil. C'est la saison la plus chaude.

L'automne

En automne, l'endroit où tu vis commence à s'éloigner du Soleil. Les jours raccourcissent et les nuits rallongent. Le temps se refroidit.

L'hiver

L'hiver apporte des nuits longues et des journées courtes. C'est la saison la plus froide. L'endroit de la planète où tu vis se détourne du Soleil.

En automne, certaines feuilles changent de couleur et tombent des arbres.

Les forces terrestres

Par sa grande taille et son poids énorme, la Terre attire les objets vers elle. Cette attraction, appelée gravité, t'aide à garder les pieds sur la terre ferme !

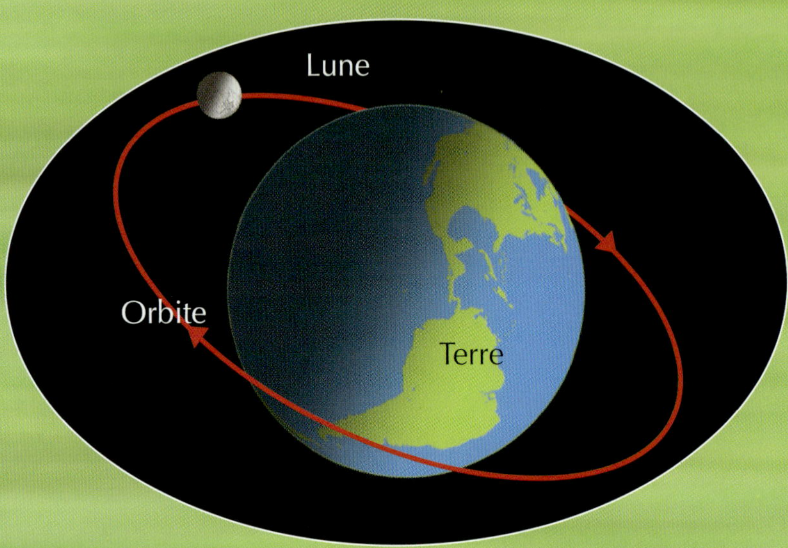

La Lune

La gravité terrestre fait tourner la Lune autour de la Terre. La Lune possède aussi une gravité qui agit sur les marées des océans de notre planète.

La gravité

Grâce à la gravité terrestre, tout ce que tu lances en l'air retombe au sol. Tous les objets lourds et volumineux, comme les planètes, ont une gravité. Celle du Soleil est très forte. Elle fait tourner la Terre et toutes les autres planètes à l'intérieur du système solaire.

LE SAIS-TU ?

On appelle champ magnétique la zone dans laquelle agit l'attraction magnétique d'une planète. Le champ magnétique terrestre s'étend dans l'espace jusqu'à 60 000 kilomètres de la Terre.

L'attraction magnétique

Selon les scientifiques, c'est le fer contenu dans la Terre qui la rend magnétique, en agissant comme un aimant géant. Les extrémités de cet aimant sont les pôles nord et sud. L'attraction magnétique terrestre s'étend loin dans l'espace.

Ces minuscules parcelles de fer qu'on appelle limaille sont attirées vers l'aimant et révèlent le champ magnétique.

Où est le nord ?

Les pôles Nord et Sud possèdent une très forte attraction magnétique. Sur une boussole, une aiguille magnétique indique le nord. Elle aide à retrouver son chemin lorsqu'on s'est perdu.

Tu auras beau sauter le plus haut possible sur un trampoline, la force de la gravité te ramènera toujours sur la Terre !

Le Soleil

La naissance de la Terre

La Terre est incroyablement vieille. Les scientifiques pensent que le Soleil et les planètes sont apparus il y a environ 5 milliards d'années. Notre système solaire s'est développé à partir d'un nuage de gaz et de poussière tourbillonnant dans l'espace.

Les débuts du système solaire

Le gaz au centre du nuage a donné naissance au Soleil. Des poussières se sont agglomérées pour créer des roches. Celles-ci se sont percutées, puis collées entre elles. Elles sont devenues des planètes rocheuses, comme la Terre. Pendant ce temps, le Soleil a fait graviter les planètes autour de lui.

Des débris rocheux tournant autour du Soleil se sont agglomérés pour former des roches plus grandes et des planètes.

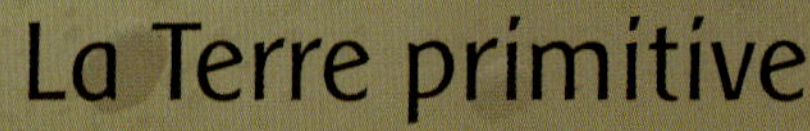

La Terre primitive

La toute jeune planète Terre était une boule rougeoyante de roche liquide et brûlante. La chaleur venait des roches qui s'étaient percutées. Les roches les plus lourdes ont coulé vers le centre de la planète. Les plus légères ont flotté en surface, puis elles ont peu à peu refroidi pour former une croûte.

Des roches venues de l'espace

Au début, aucune atmosphère ne protégeait la Terre de l'espace. Des roches géantes appelées météorites s'écrasaient à la surface de la planète. Elles ont creusé de grands trous appelés cratères.

Cratère de météorite en Arizona (États-Unis).

À retenir

- Aujourd'hui encore, l'intérieur de la Terre est une roche brûlante. L'extérieur a refroidi et s'est durci pour former une croûte solide.
- La Terre n'est pas parfaitement ronde. Elle est légèrement bombée à l'équateur et aplatie aux pôles.
- La Terre est minuscule à côté du Soleil. Celui-ci pourrait contenir plus de un million de fois notre planète.

Des volcans partout

Il y a environ 4 milliards d'années, la surface de la Terre était recouverte de volcans *(voir p. 64-75)*. Ils crachaient de la roche fondue brûlante : la lave. La vapeur et les gaz produits par les volcans ont créé la première atmosphère terrestre. La vapeur a formé les nuages qui ont fait tomber la pluie. L'eau s'est accumulée dans les trous et a formé les océans.

Ces bactéries apparaissent ici des milliers de fois plus grandes qu'en réalité.

La naissance et l'évolution de la vie

D'après les scientifiques, la vie est apparue sur la Terre il y a au moins 3,8 milliards d'années. Pendant des millions d'années, les créatures vivantes ont changé très lentement pour s'adapter à leur environnement. Ces changements constituent l'évolution.

Premières formes de vie

Les premiers êtres vivants sont apparus dans les océans. Formées d'une seule cellule, ces créatures minuscules sont les bactéries. Plus tard, une sorte d'herbe, les algues, se développera dans la mer.

Les plantes fabriquent de l'oxygène

Les algues ont utilisé l'énergie du Soleil pour se développer. Elles ont rejeté de l'oxygène. Certaines de ces plantes minuscules ont formé des « coussins » appelés stromatolites. Ces coussins rocheux se développent aujourd'hui encore dans les mers chaudes.

Des stromatolites en Australie.

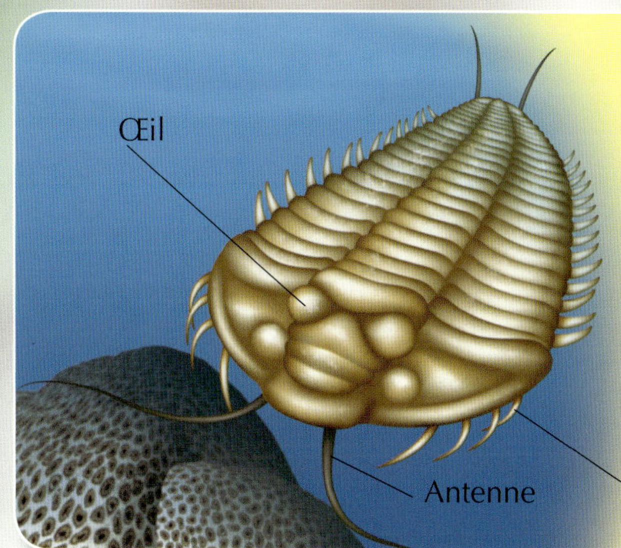

Les animaux apparaissent

Les premiers animaux sont apparus dans les océans il y a environ 600 millions d'années. Eux aussi étaient des créatures très simples au corps mou. Les animaux se sont peu à peu dotés de corps plus complexes, composés de plusieurs cellules. Certains, comme les créatures marines appelées trilobites, ont fabriqué des coquilles dures.

Les trilobites ont de nombreuses pattes.

La vie progresse vers la terre

Il y a environ 400 millions d'années, sont apparus les premiers animaux dotés d'une colonne vertébrale : les poissons. Petit à petit, plusieurs genres de poissons se sont développés. Certains se sont dotés de grosses nageoires qui leur ont permis de ramper hors de l'eau et de rejoindre la terre.

Le périophthalme est un poisson capable de se déplacer sur terre.

LE SAIS-TU ?

Les trilobites furent probablement les premiers animaux à avoir des yeux. Ils avaient aussi des antennes sur la tête, qui leur servaient à chercher de la nourriture.

Les fossiles

Les fossiles sont des restes ou des empreintes de plantes et d'animaux ayant vécu il y a plusieurs millions d'années. Le plus souvent, ces restes sont conservés dans la roche. C'est en étudiant les fossiles que les scientifiques ont tout appris de la vie préhistorique.

La coquille dure de cette ammonite s'est transformée en roche.

L'ammonite

Ceci est un fossile d'ammonite. Les ammonites étaient des créatures dotées d'une coquille. Elles nageaient dans les océans, il y a des millions d'années. L'animal vivant possédait des tentacules qui dépassaient de la coquille en spirale.

Comment les fossiles d'ammonite se sont formés

En mourant, une ammonite coulait au fond de la mer. Les parties molles pourrissaient et la coquille s'enfouissait dans le sable. Au bout de plusieurs millions d'années, la coquille et le sable étaient transformés en roche.

L'ammonite morte coule au fond de la mer.

La coquille et le sable se transforment lentement en roche.

L'ambre

L'ambre est une autre sorte de fossile. Cette matière jaune transparente est constituée de résine fossilisée (de la sève collante qui suintait des arbres préhistoriques). Les insectes étaient piégés dans la sève qui durcissait ensuite pour se transformer en fossile.

Dans ce fossile, tu peux observer les pattes et les ailes délicates des insectes.

Un fossile d'ambre peut avoir jusqu'à 90 millions d'années.

Fossile de fougère

Cette empreinte de feuille de fougère est conservée dans la roche. Les fougères aiment les climats chauds et humides. Il y a 300 millions d'années, elles étaient à leur aise dans la moiteur des forêts préhistoriques.

La vie préhistorique

Depuis que la vie est apparue sur Terre, une multitude d'animaux étonnants s'y sont développés. Durant la longue période nommée l'ère des reptiles (de 230 millions d'années à 65 millions d'années), des reptiles géants dominaient la terre, le ciel et les mers.

le tyrannosaure était un dinosaure carnivore féroce.

Les dinosaures

Des reptiles appelés dinosaures ont autrefois semé la terreur sur Terre. Il existait plusieurs sortes de dinosaures. Certains n'étaient pas plus gros que des chats. D'autres avaient la taille d'un avion. Certains étaient carnivores, d'autres herbivores.

Les plus grands dinosaures mesuraient plus de 20 mètres de long. Le sol tremblait quand ils marchaient. Les plus grands étaient herbivores. Il n'existe plus de dinosaures aujourd'hui.

Les plésiosaures nageaient en utilisant leurs pattes comme des rames.

Reptiles marins et reptiles volants

On trouvait d'énormes reptiles dans les océans. Les plésiosaures avaient de longs cous, et des pattes en forme de rames. D'autres, les ptérosaures, volaient avec des ailes couvertes de peau.

Fossiles de dinosaures

Ce chercheur met au jour le squelette d'un dinosaure. Il taille doucement la roche pour découvrir le fossile. On a trouvé des os de dinosaures dans le monde entier. Des spécialistes ont aussi découvert des traces de pas de dinosaures et même des excréments.

Les dinosaures ont disparu

Les dinosaures et les autres reptiles géants ont disparu il y a 65 millions d'années. D'après les spécialistes, une roche géante venue de l'espace, une météorite, s'est écrasée sur la Terre. Elle a provoqué un immense nuage de poussière qui a caché le Soleil pendant des années. Beaucoup de plantes sont mortes, et il n'y eut plus de quoi nourrir les dinosaures.

La météorite a explosé au moment où elle a frappé la Terre. La catastrophe a soudain bouleversé le climat de notre planète.

Le climat

Il décrit le temps qu'il fait. Chaque partie du globe possède son propre climat. Le Soleil, les montagnes, les mers et les villes ont une grande influence sur le climat.

La chaleur du Soleil

Les rayons du Soleil arrivent directement au-dessus de l'équateur. Cette région connaît donc un climat tropical chaud. Aux pôles, les rayons du Soleil s'étalent sur une zone plus large et diffusent une chaleur plus faible. Les pôles ont donc un climat froid.

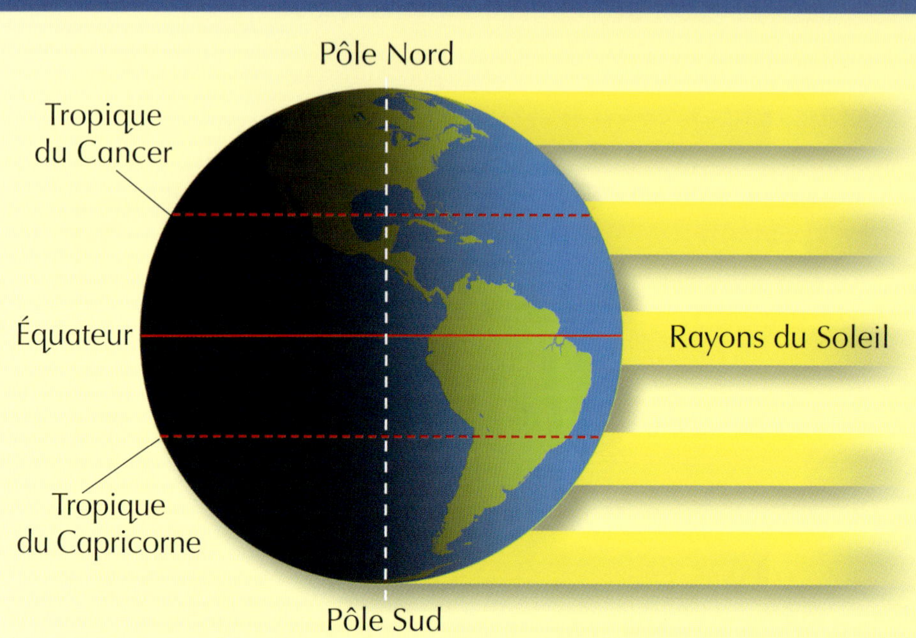

LE SAIS-TU ?

La mer se réchauffe et se rafraîchit plus lentement que la terre. Elle aide ainsi à maintenir des températures constantes près des côtes. Les régions situées loin de la mer connaissent souvent des étés très chauds et des hivers très froids.

Les climats côtiers

De nombreuses régions situées en bord de mer ont un climat doux. Les températures restent à peu près constantes car les vents marins rafraîchissent la terre en été et la réchauffent en hiver.

La fraîcheur des montagnes

Les montagnes ont généralement un climat froid. En altitude, l'air capte moins bien la chaleur du Soleil qu'en bord de mer. Les sommets des hautes montagnes sont couverts de glace et de neige toute l'année.

Les nuages font tomber la pluie sur les sommets.

Le climat des villes

Les villes n'occupent qu'une faible partie de la planète, mais elles possèdent leur propre climat. Les constructions et les routes absorbent la chaleur du Soleil le jour et la rejettent la nuit. Il fait donc plus chaud en ville qu'à la campagne.

Les zones climatiques

Le climat d'une région a une influence sur les plantes et les animaux qui y vivent. On retrouve les mêmes espèces de plantes sur différents grands territoires de la planète. Ces régions sont appelées biomes.

Les biomes de la Terre

Cette carte montre les principaux biomes de la planète. Les espèces de plantes qui poussent dans une région dépendent de la chaleur qui y règne et de la pluie qui y tombe. Dans les zones chaudes et humides, il y a beaucoup plus d'espèces de plantes que dans les zones froides et sèches.

Les déserts

Les déserts sont des zones très sèches où il tombe moins de 250 millimètres d'eau par mètre carré et par an. Dans certains déserts, il ne pleut pas du tout pendant plusieurs années. Les déserts sont faits de sable, de roches ou de cailloux. Il y règne souvent une chaleur brûlante le jour et un froid glacial la nuit.

EUROPE
ASIE
Tropique du Cancer
AFRIQUE
Équateur
Tropique du Capricorne
OCÉANIE
ANTARCTIQUE

Une forêt tempérée en automne.

Les zones tempérées

Les régions tempérées se situent entre les pôles et les tropiques. Le climat y est doux et pluvieux. Dans les forêts de ces régions, la plupart des arbres perdent leurs feuilles en automne.

Les forêts froides et la toundra

Dans les froides forêts du Nord, les arbres restent verts toute l'année. Presque rien ne pousse dans la toundra glacée, sauf durant le court été. Sous terre, le sol est toujours gelé.

Des plantes fleurissent dans la toundra durant le court été.

Les climats chauds

Les régions situées sur l'équateur et sous les tropiques connaissent des climats torrides. Il y fait chaud toute l'année, et les nuits n'y sont jamais très froides. La neige ne tombe qu'au sommet des très hautes montagnes.

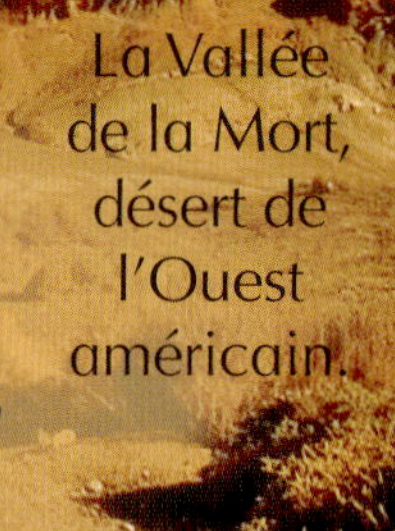

La Vallée de la Mort, désert de l'Ouest américain.

Les régions les plus chaudes

À Dallol, en Afrique de l'Est, la température moyenne est la plus élevée de la planète : elle se maintient aux alentours de 34 degrés Celsius. Dans la Vallée de la Mort, aux États-Unis, les températures sont parmi les plus chaudes jamais observées – jusqu'à 56 degrés Celsius –, mais il ne fait pas aussi chaud toute l'année.

Deux saisons

Le climat sous les tropiques n'est pas sensible à l'inclinaison de la Terre. Il n'y a donc pas de printemps, d'été, d'automne ou d'hiver. En revanche, certaines régions tropicales ont deux saisons : une saison sèche et une saison des pluies.

Chaque année, en Inde, la saison des pluies dure d'avril à septembre.

La forêt tropicale

Dans la plupart des régions équatoriales, il pleut presque tous les jours. Les arbres de la forêt tropicale adorent les conditions chaudes et humides. Les espèces de plantes et d'animaux sont plus nombreuses dans les forêts tropicales que dans n'importe quel autre biome.

LE SAIS-TU ?

En 1922, la ville d'El Aziza en Libye a atteint la plus haute température jamais observée sur notre planète. Elle était de 58,2 degrés Celsius !

La prairie tropicale

La prairie tropicale, ou savane, pousse dans les zones moins pluvieuses que les forêts tropicales, mais plus humides que les déserts. Elle accueille de nombreux animaux herbivores, comme les zèbres et les antilopes, et les animaux qui les chassent, comme les lions.

Les lions vivent dans la savane, en Afrique.

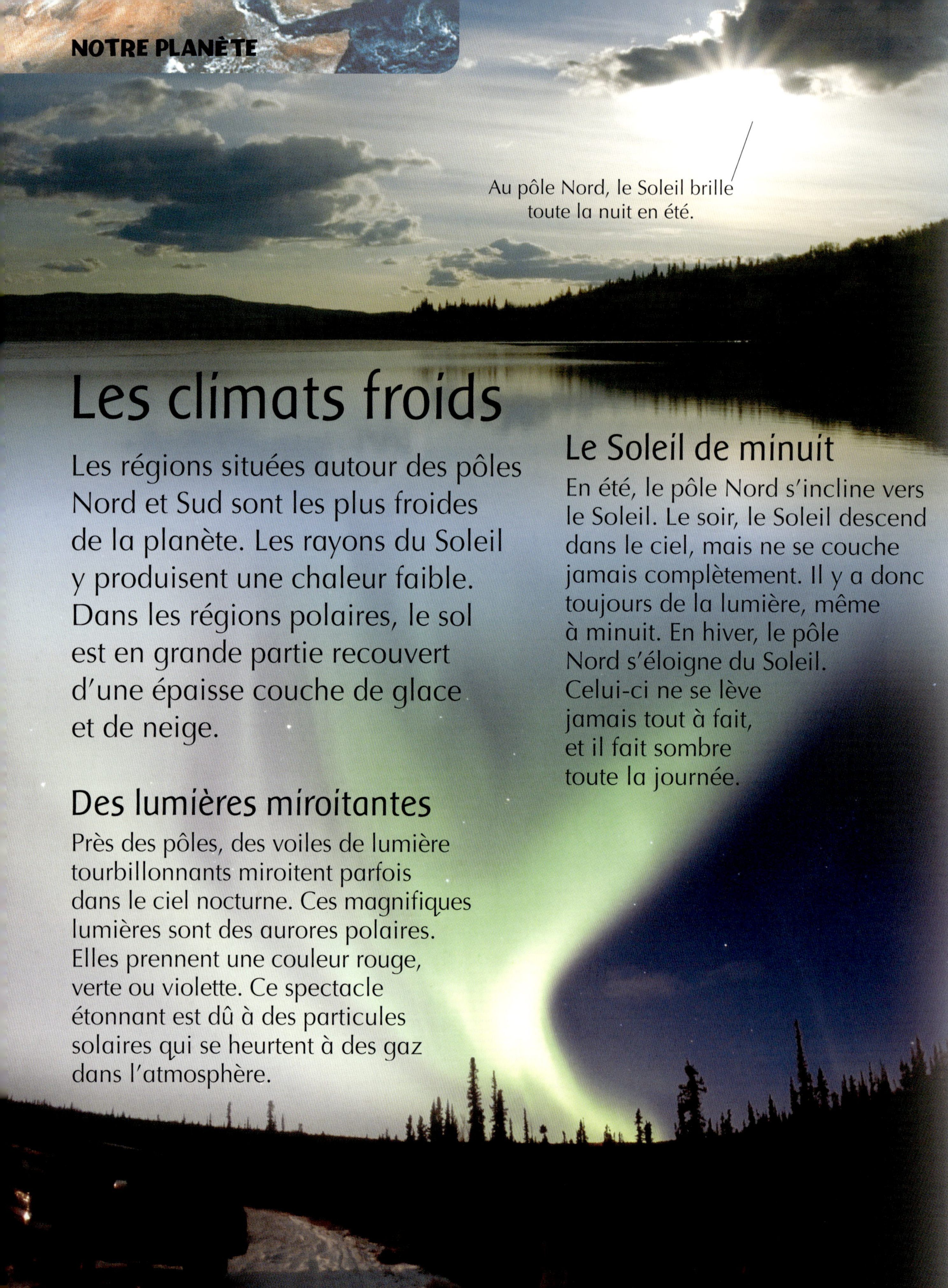

Au pôle Nord, le Soleil brille toute la nuit en été.

Les climats froids

Les régions situées autour des pôles Nord et Sud sont les plus froides de la planète. Les rayons du Soleil y produisent une chaleur faible. Dans les régions polaires, le sol est en grande partie recouvert d'une épaisse couche de glace et de neige.

Des lumières miroitantes

Près des pôles, des voiles de lumière tourbillonnants miroitent parfois dans le ciel nocturne. Ces magnifiques lumières sont des aurores polaires. Elles prennent une couleur rouge, verte ou violette. Ce spectacle étonnant est dû à des particules solaires qui se heurtent à des gaz dans l'atmosphère.

Le Soleil de minuit

En été, le pôle Nord s'incline vers le Soleil. Le soir, le Soleil descend dans le ciel, mais ne se couche jamais complètement. Il y a donc toujours de la lumière, même à minuit. En hiver, le pôle Nord s'éloigne du Soleil. Celui-ci ne se lève jamais tout à fait, et il fait sombre toute la journée.

L'Arctique

La région autour du pôle Nord s'appelle l'Arctique. Elle est principalement constituée d'un océan couvert de glace. Des ours polaires et des phoques vivent dans l'eau et sur la glace.

Cet ours polaire chasse le phoque sur la glace.

LE SAIS-TU ?

La base russe de Vostok en Antarctique est l'endroit le plus froid de la planète. Des scientifiques y ont relevé une température de 89 degrés Celsius.

Les manchots possèdent un épais plumage. Sous la peau, une couche de graisse leur tient chaud.

L'Antarctique

La région autour du pôle Sud est l'Antarctique. C'est un vaste continent très froid, couvert d'une couche de glace ayant jusqu'à 3 kilomètres d'épaisseur. Aucun animal n'habite l'intérieur du continent. Seuls des manchots et des phoques vivent sur les côtes.

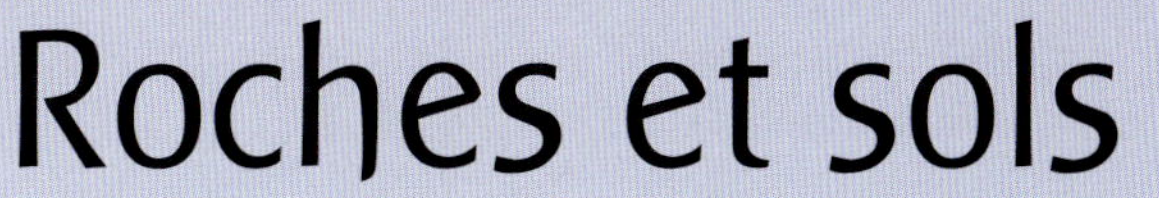

Roches et sols

Ce chapitre présente comment se forment les roches, ensuite usées par la pluie, le vent, le gel et les rayons du Soleil. Les profondeurs de la Terre cachent d'innombrables richesses, comme l'or, l'argent et les diamants. Nos combustibles fossiles – le charbon, le pétrole et le gaz – viennent aussi du sous-sol. Mais la terre, qui recouvre la surface rocheuse de notre planète, est sans doute notre plus grand trésor.

Une planète rocheuse

La surface rocheuse dure sur laquelle nous vivons est la croûte terrestre. Sous cette croûte, en profondeur, les roches sont brûlantes – si brûlantes qu'elles fondent et coulent comme un sirop épais et collant.

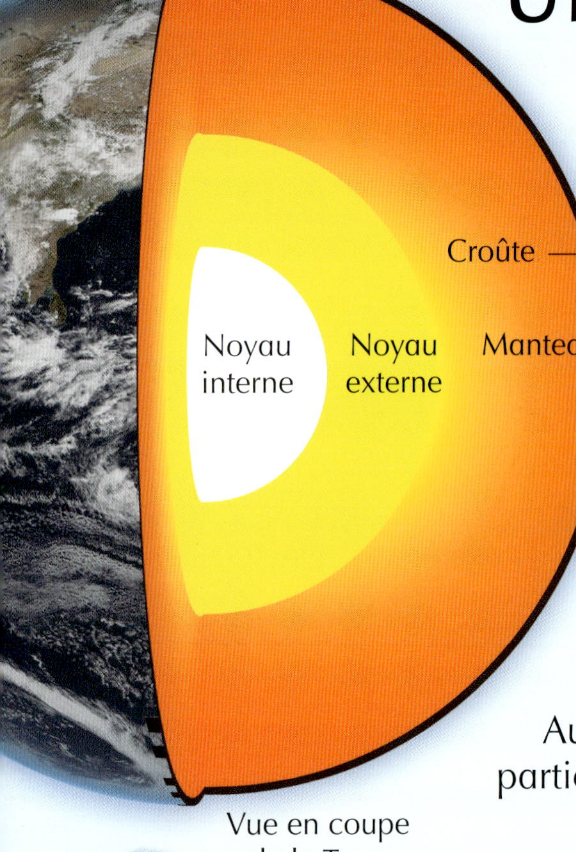

Vue en coupe de la Terre

L'intérieur de la Terre

La Terre se compose de trois couches. En surface, la croûte (terrestre ou océanique) est fine. Sous cette croûte se trouve une couche épaisse faite de roches brûlantes : le manteau. Au centre de la Terre, dans le noyau (formé de deux parties), les roches sont encore plus chaudes.

Roches de la croûte terrestre au Grand Canyon (États-Unis).

La chaleur du sous-sol

Les mines souterraines sont chauffées par les roches chaudes du sous-sol. Sur cette énorme boule rocheuse qu'est la Terre, la mine la plus profonde ne représente guère plus qu'une piqûre d'épingle.

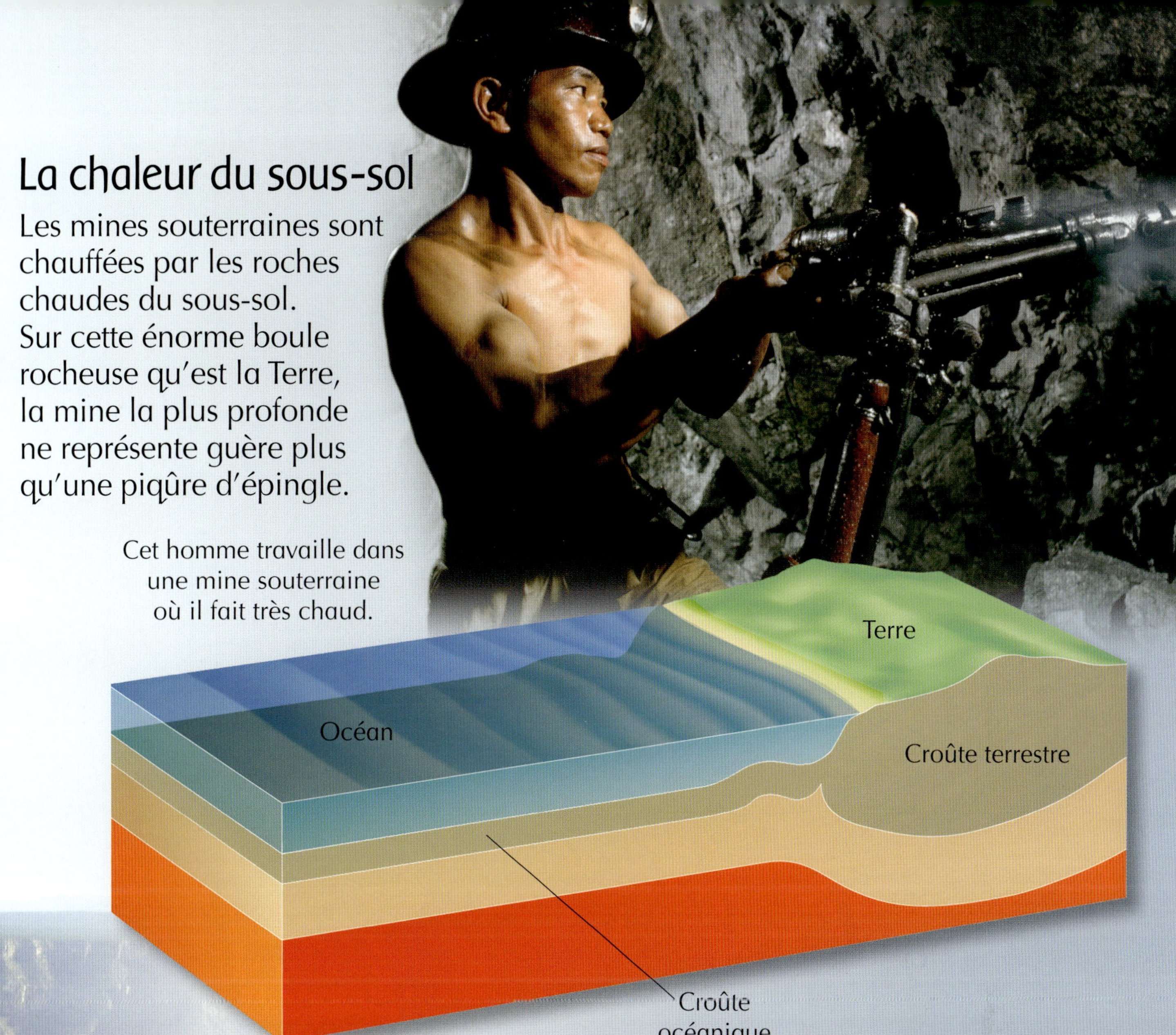

Cet homme travaille dans une mine souterraine où il fait très chaud.

La croûte terrestre et océanique

La croûte est plus épaisse sous le continent que sous les océans. Sous le continent, la croûte terrestre mesure entre 20 et 90 kilomètres d'épaisseur. Sous les océans, la croûte océanique ne fait qu'environ 7 kilomètres d'épaisseur.

Le relief

Les montagnes et les falaises sont façonnées dans la croûte terrestre. Ces falaises (à gauche) ont été taillées il y a bien longtemps par une rivière dans le massif rocheux.

LE SAIS-TU ?

Les scientifiques pensent que la température au centre de la Terre dépasse 5 000 degrés Celsius. Le noyau externe est composé de roches partiellement liquides. Le noyau interne est une boule dure de métal.

Pierres de feu

Les roches naissent de différentes manières. Des pierres enflammées surgissent des profondeurs de la Terre. De la roche liquide, brûlante, remonte à la surface en bouillonnant, puis refroidit pour former de la roche solide.

La lave rougeoyante

La roche liquide et brûlante des profondeurs de la Terre est appelée magma. Quand elle se répand à la surface d'un volcan (*voir p. 64-75*), elle prend le nom de lave. La lave refroidit et durcit rapidement en surface.

La pierre ponce

Cette pierre est une roche née de la mousse de la lave. Comme la mousse d'une boisson gazeuse, elle contient des bulles d'air, piégées au moment où la lave a refroidi. Elles rendent la pierre si légère qu'elle flotte sur l'eau.

On l'utilise dans le bain pour râper la peau dure.

La Chaussée des Géants

Le basalte est une roche dure volcanique. Les volcans sous-marins en éruption produisent du basalte fondu. La lave brûlante refroidit rapidement au contact de l'eau. La Chaussée des Géants, en Irlande du Nord, est faite de colonnes de basalte. Elles se formèrent quand la lave a refroidi, puis s'est contractée et craquelée.

LE SAIS-TU ?

La plupart des colonnes rocheuses de la Chaussée des Géants ont 6 côtés. La légende dit qu'un géant a posé ces pierres pour traverser la mer.

Un bâtiment en basalte, en Écosse.

Le granite

Le granite est une autre roche dure volcanique. Il se forme quand le magma remonte et refroidit avant d'atteindre la surface. On utilise cette pierre dure pour construire des bâtiments et des routes.

L'érosion

Les roches de la surface terrestre sont usées par la pluie, le vent, le gel et le Soleil. Des morceaux de roches s'effritent et sont emportés par le vent et l'eau. Ce phénomène s'appelle l'érosion.

LE SAIS-TU ?

L'érosion est en général un phénomène lent. Or il arrive parfois qu'une quantité importante de roches se détache d'un seul coup. On appelle cela un glissement de terrain.

Cette plaque de calcaire est creusée de profonds sillons enchevêtrés.

Rongées par la pluie

L'eau de pluie contient un acide léger qui ronge, à la longue, les roches tendres comme le calcaire. C'est un peu comme un cachet qui se dissout dans l'eau. Peu à peu, l'eau de pluie creuse des sillons dans la roche.

Brisées par le gel

Dans les endroits froids, comme sur le flanc des montagnes, l'eau s'infiltre dans les fissures des roches et gèle la nuit. Or la glace prend plus de place que l'eau, elle élargit alors les fissures. Avec le temps, les roches finissent par s'effriter.

La glace a fissuré ce rocher.

Usées par le vent

Dans les endroits secs, le vent transporte du sable et du gravier. Quand il souffle contre les rochers, le sable et le gravier agissent comme du papier de verre. Ils peuvent sculpter des courbes lisses dans les roches.

Ce rocher en forme de vague, nommé Wave Rock, se trouve à l'ouest de l'Australie.

Emportés par l'eau

Quand il pleut, l'eau ruisselante emporte avec elle de petits débris rocheux, avant de s'écouler dans les torrents et les rivières. Dans la descente, elle entraîne les pierres qui finissent dans les mers ou les lacs.

La roche déposée

Toutes les roches ne viennent pas des profondeurs de la Terre. Ainsi, les rivières transportent des débris rocheux vers la mer. Ces morceaux s'entassent contre d'autres fragments rocheux et se transforment en roches compactes.

Les couches rocheuses

Quand les débris rocheux sont entraînés vers les côtes, ils forment des couches au fond de la mer. Parfois, ces couches rocheuses se soulèvent lorsque naissent les montagnes (*voir p. 90-91*). Elles apparaissent alors au grand jour.

Sur cette falaise de grès, en Nouvelle-Zélande, on distingue les couches rocheuses.

Les pots d'argile

L'argile ramollit quand elle est mouillée. Les potiers la façonnent pour en faire des pots. Ces pots sont ensuite cuits au four afin de les faire durcir.

Des enfants façonnent un pot d'argile.

Les conglomérats

Un conglomérat est une roche composée de petits cailloux ronds qui se sont déposés au fond de la mer. La couche s'est tassée, et les cailloux se sont collés les uns aux autres. Ce type de roche est parfois appelé poudingue parce qu'il fait penser au pudding anglais.

LE SAIS-TU ? On trouve souvent des fossiles – qui sont des restes de plantes ou d'animaux – dans des couches rocheuses comme le grès et le calcaire.

Ces falaises sont en craie.

La craie

La craie est une roche tendre, blanche, composée de millions de coquilles minuscules. Ces coquilles de créatures marines se sont accumulées au fond de la mer, et s'y sont enfouies. Très lentement, cette couche s'est transformée en craie. La craie sert à dessiner sur les tableaux ou les trottoirs.

La roche transformée

C'est une autre famille de roches. Elle se forme quand la matière rocheuse est soumise à la chaleur ou à la pression sous terre. La pression peut venir d'autres roches qui l'écrasent, ou du magma qui remonte vers la surface et diffuse en même temps de la chaleur.

LE SAIS-TU ?

Le marbre est une roche transformée. Parmi les plus célèbres sculptures du monde, certaines ont été taillées dans le marbre.

Chaleur et pression

Cette roche (ci-contre) transformée par la chaleur est du gneiss. Les lignes en zigzag montrent que la roche a fondu et qu'elle s'est tassée. Parfois, une pression se produit, lors des tremblements de terre (*voir p. 76-85*), quand les roches se déplacent.

L'ardoise

L'ardoise se forme lorsqu'une roche appelée schiste est écrasée dans les profondeurs du sous-sol. L'ardoise se fend naturellement en plaques fines que l'on utilise pour couvrir les toits.

Le marbre

Le marbre vient d'une roche calcaire qui a été chauffée sous terre. La chaleur et la pression modifient la couleur et la texture de la roche. Le marbre est facile à sculpter. On peut polir sa surface jusqu'à ce qu'elle brille.

Le Taj Mahal

Le Taj Mahal est un splendide mausolée au nord de l'Inde. Il est construit en marbre blanc et décoré de marbres colorés. Le marbre peut adopter différentes couleurs : noir, rose, vert ou blanc. Certains marbres ont des motifs en tourbillons.

La coupole est composée de blocs de marbre de différentes couleurs.

Bryce Canyon

Bryce Canyon est un parc national situé à l'ouest des États-Unis. Il est constitué de couches rocheuses de grès, de calcaire et d'argile. Avec le temps, l'eau, la glace et le vent ont sculpté des formes fantastiques dans la roche.

La faune

Le parc accueille des animaux tels que des cerfs et des renards. Certains animaux utilisent les roches pour s'abriter. Parmi les oiseaux, il y a des hirondelles, des corbeaux et des aigles.

Les hoodoos

Les hautes aiguilles rocheuses de Bryce Canyon s'appellent des hoodoos. Ces colonnes sont faites de boue d'argile surmontée de calcaire. La glace et l'eau rongent la boue d'argile plus vite que le chapeau calcaire qui est plus dur.

À retenir

- Les roches de Bryce Canyon se sont formées dans le lit des lacs et des rivières. Pendant des millions d'années, les forces qui ont créé les montagnes ont soulevé ces rochers à 2 500 mètres au-dessus du niveau de la mer.
- À Bryce Canyon, il y a plus de hoodoos que partout ailleurs dans le monde.

L'eau, la glace et le vent creusent des rainures dans la roche.

Les ailes d'un aigle d'Amérique peuvent lui donner 2,5 mètres d'envergure.

Des roches colorées

Les roches de Bryce Canyon sont roses et orange. C'est le fer et le manganèse qui leur ont donné ces couleurs. Au lever et au coucher du soleil, les roches s'illuminent d'un éclat rouge.

L'arche rocheuse

Les orages et la grêle frappent parfois Bryce Canyon en été. La neige et la glace recouvrent le sol en hiver. La pluie, la grêle, la neige et le gel rongent les roches et créent d'étonnantes sculptures comme cette arche (ci-dessous).

LE SAIS-TU ?

Bryce Canyon est devenu un parc national en 1928. Le parc couvre 145 kilomètres carrés. Les hoodoos de Bryce Canyon font jusqu'à 60 mètres de hauteur.

Les minéraux

Les roches sont constituées de matériaux naturels qu'on appelle des minéraux. Il existe des milliers de minéraux différents, mais les plus communs ne sont pas plus d'une centaine.

Le granite

Le granite est fait de trois minéraux différents : du quartz, du mica et du feldspath. On peut les voir sur cette photographie en gros plan. Le granite est utilisé comme pierre de construction.

Le plâtre (gypse)

Si tu te casses un bras ou une jambe, le docteur te posera un moulage en plâtre jusqu'à ce que le membre se consolide. Le plâtre est fait d'un minéral tendre : le gypse. Le plâtre mouillé durcit et devient solide.

Le plâtre mouillé est moulé autour de la jambe

LE SAIS-TU ?

La mine d'un crayon est faite d'un minéral tendre : le graphite. Les pastels et les crayons de couleurs utilisent parfois un autre minéral tendre : le talc.

Les mines de cuivre

Les minéraux précieux comme le cuivre sont extraits des mines. Elles sont souvent creusées profondément sous terre, par contre le cuivre se trouve en général près de la surface. On l'utilise pour fabriquer des conduites d'eau et des fils électriques.

Les feux d'artifice

Les feux d'artifice comme les cierges magiques sont fabriqués à partir d'un minéral : le soufre. Il est aussi utilisé pour faire des allumettes et des explosifs. La prochaine fois que tu verras un feu d'artifice, pense au soufre !

Les métaux

Solides et brillants, les métaux prennent différentes formes quand ils sont travaillés. On les trouve dans des roches : les minerais. Ils sont souvent mélangés à d'autres minéraux. Les métaux rares, comme l'or, sont chers.

Morceau de minerai d'or

Alliance en or

LE SAIS-TU ?

La plus grosse pépite d'or jamais découverte pesait 70 kg. Trouvée en 1869 dans l'État de Victoria, en Australie, elle fut surnommée « Bienvenu, étranger » !

L'or

L'or se trouve en général dans les roches profondément enfouies sous terre. Quelques rares personnes ont pu découvrir de gros morceaux – des pépites – à la surface ! Les poussières d'or sont transportées par l'eau et se retrouvent dans le lit des rivières.

L'argent

Cet autre métal rare se trouve aussi dans un minerai. Les minerais sont en général broyés et chauffés pour en extraire le métal. Autrefois, on utilisait l'argent pour faire des pièces de monnaie.

Ces pièces de monnaie datent de la Grèce antique

La ruée vers l'or

Quand une personne découvre de l'or, des milliers d'autres accourent, dans l'espoir de faire fortune. C'est la ruée vers l'or. L'or des rivières est recueilli en faisant tourner le gravier dans une cuvette. L'or se dépose au fond. Cette opération s'appelle le lavage de l'or.

Un ouvrier lavant de l'or en Californie (États-Unis, 1890).

La fabrication du fer

Le fer est fabriqué en chauffant du minerai de fer dans un grand four, ou haut-fourneau. Du calcaire et du coke (une sorte de charbon) sont ajoutés. Le fer liquide brûlant s'écoule au fond du haut-fourneau. Le fer est utilisé dans la fabrication d'un métal encore plus solide : l'acier.

Le fer liquide brûlant s'écoule du haut-fourneau dans une cuve

Les pierres précieuses

Les pierres précieuses font de beaux bijoux. Les spécialistes les taillent et les polissent jusqu'à ce qu'elles brillent de mille feux. Il en existe plus de 50 sortes. Elles sont rares, et certaines le sont plus encore.

Le diamant brut

Un diamant se forme lorsque le charbon est soumis, sous terre, à la chaleur et à une forte pression. Les diamants n'ont pas beaucoup d'éclat quand ils sortent du sol. On les taille en facettes pour les faire étinceler.

Ce diamant a été taillé et poli pour briller de mille feux.

LE SAIS-TU ? Le diamant est le minéral le plus dur au monde. Il est utilisé dans la fabrication des outils coupants et des bijoux.

Les cristaux

La plupart des pierres précieuses sont constituées de cristaux réguliers. Chaque type de cristal présente un certain nombre de côtés égaux. Ici, tu peux admirer les gros cristaux violets d'un fragment d'améthyste.

Des couleurs variées

Les pierres précieuses ont des couleurs magnifiques et variées. Le saphir est bleu, l'émeraude est vert clair, le rubis et le grenat sont rouge sombre. Il existe des opales de différentes couleurs. Elles ne sont pas taillées en facettes, mais arrondies et lissées.

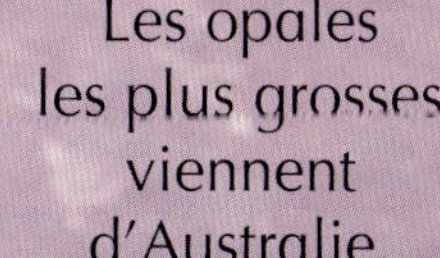

Les opales les plus grosses viennent d'Australie.

Les joyaux de la couronne

La couronne du roi ou de la reine d'Angleterre possède plus de 3 000 joyaux ! L'une des plus grosses pierres précieuses est un diamant célèbre : le « Cullinan II ». La plus grosse pierre rouge a pour nom le « rubis du Prince Noir ».

Les combustibles fossiles

L'énergie utilisée dans nos maisons vient en grande partie du charbon, du pétrole et du gaz. Ces combustibles sont issus de fossiles – des restes de plantes et d'animaux préhistoriques. C'est pourquoi nous parlons de combustibles fossiles.

Un morceau de charbon

Les mines de charbon

Le charbon se trouve généralement sous terre en couches appelées veines. Pour l'atteindre, il faut creuser un trou profond : le puits. Il est brûlé dans des centrales thermiques, afin de produire de l'électricité pour les maisons et les usines.

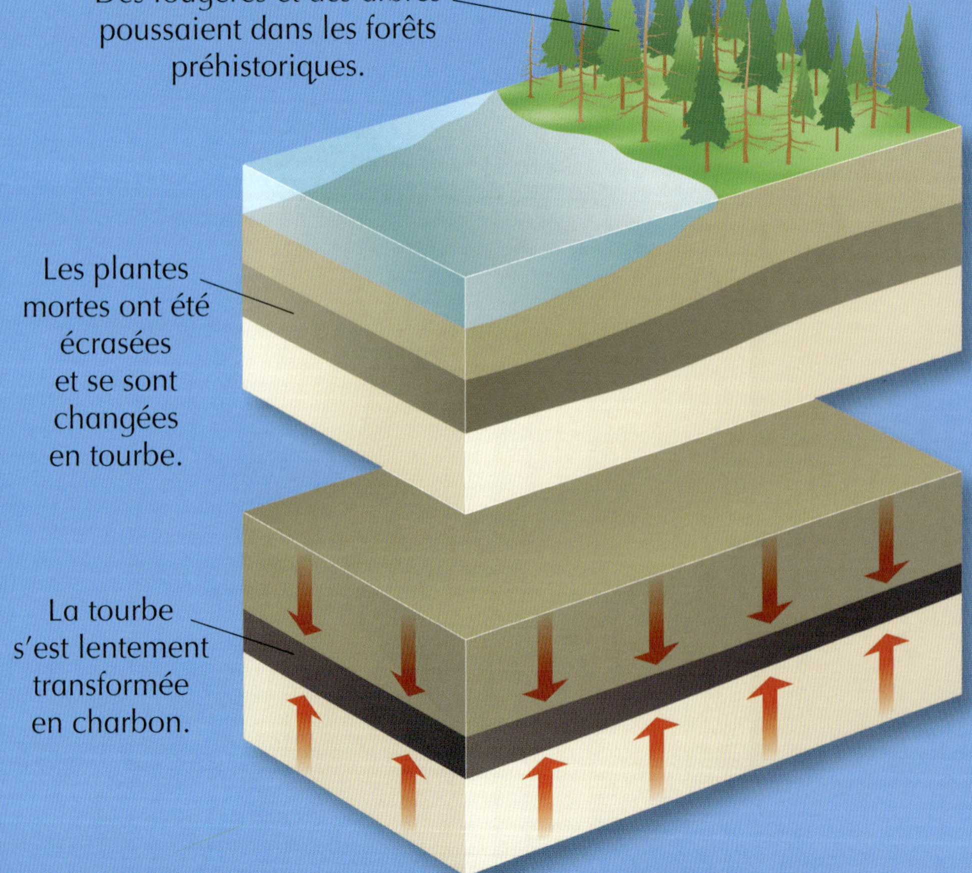

D'où vient le charbon ?

Le charbon s'est formé quand les plantes préhistoriques des forêts marécageuses sont mortes et ont coulé au fond du marécage. Écrasées par la terre et les roches au-dessus, elles ont peu à peu durci pour se changer en tourbe (un type de sol). La tourbe a alors durci, se transformant en charbon.

Le pétrole et le gaz

Ils proviennent de restes fossilisés d'animaux et de végétaux, enfouis et écrasés au fond de la mer. Ils se sont lentement transformés en pétrole et en gaz. On perce des trous au fond de la mer ou sous terre pour extraire ces combustibles. Le pétrole est transformé en essence pour les voitures. Le gaz est utilisé pour faire cuire les aliments ou chauffer la maison.

Les voitures consomment de l'essence pour faire tourner leur moteur.

LE SAIS-TU ? Quand les voitures, les usines et les centrales thermiques brûlent des combustibles fossiles, elles émettent des gaz polluants. La pollution a pour effet de réchauffer le climat de notre planète. Tu en sauras plus sur ce sujet en lisant les pages 212-213.

Que faire avec du pétrole ?

Le pétrole a de nombreuses utilisations. Le plastique et le nylon sont fabriqués avec des matériaux provenant du pétrole purifié. La peinture, le rouge à lèvres et les bougies sont aussi fabriqués à partir du pétrole.

Tous ces objets en plastique sont fabriqués à partir du pétrole.

L'histoire du sol

La terre qui compose notre sol semble sans valeur. Pourtant, d'une certaine façon, elle est encore plus précieuse que l'or, le pétrole ou les diamants. Les plantes ont besoin du sol pour pousser, et les animaux ont besoin des plantes pour se nourrir. La plupart des êtres vivants dépendent donc du sol.

De quoi se compose le sol ?

Le sol est composé de bouts de roches mélangés à des restes de plantes et d'animaux. Il se forme quand la glace, l'eau et le vent cassent les roches en morceaux. Les plantes y prennent racine. En se décomposant, les restes de plantes et d'animaux enrichissent le sol.

Les couches du sol

La couche supérieure est une fine couche de plantes en décomposition : l'humus. La terre de surface renferme des restes de plantes et d'animaux. Au-dessous, le sous-sol contient des cailloux, avec au fond une solide couche rocheuse.

Les racines des arbres

Les arbres plongent leurs racines dans le sol afin d'y puiser de l'eau et des minéraux nutritifs. Les racines émiettent les roches pour les transformer en terre. Elles ancrent l'arbre quand le temps est venteux.

Les types de sols

Il existe plusieurs types de sols. Les sols sableux et crayeux sont secs et friables. Un sol argileux est collant. Chaque plante apprécie un type de sol particulier. Un jardinier doit choisir des plantes adaptées au sol de son jardin.

LE SAIS-TU ?

Il faut des siècles pour que se forme une fine couche de terre. Elle est beaucoup plus profonde à certains endroits qu'à d'autres : son épaisseur peut faire de quelques centimètres à plusieurs mètres.

La vie dans le sol

Le sol abrite des milliers d'êtres vivants : des insectes minuscules et des araignées, mais aussi des vers de terre et des animaux plus gros, comme les taupes ou les lapins. Une grande partie des produits que nous mangeons pousse dans le sol.

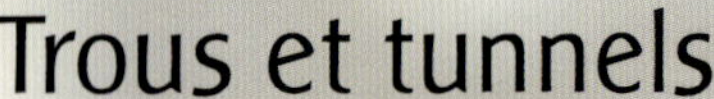

Trous et tunnels

Les vers de terre et les taupes creusent le sol. Leurs tunnels laissent passer l'air et l'eau. Le sol devient ainsi plus fertile. Les vers et les taupes passent leur vie sous terre.

Manger et être mangé

En ce qui concerne la nourriture, les êtres vivant dans le sol dépendent les uns des autres. Les vers de terre se nourrissent de feuilles décomposées, et les taupes mangent les vers de terre. Quand un animal meurt, ses restes nourrissent le sol, ce qui aide les plantes à pousser.

Les taupes creusent la terre en s'aidant des griffes de leurs puissantes pattes avant.

Des bœufs tirent une charrue en Inde.

LE SAIS-TU ?

D'après les scientifiques, 1 mètre cube de sol contient en moyenne un milliard de créatures vivantes. La plupart d'entre elles sont si petites qu'il faut un microscope pour les voir.

Labourer le sol

Les agriculteurs préparent le sol pour les cultures en labourant. L'opération consiste à retourner le sol afin de laisser l'air et l'eau atteindre les couches du dessous. La charrue peut être tirée par un tracteur ou par des animaux, comme des bœufs ou des chevaux.

Cette moissonneuse-batteuse verse du blé dans un camion.

Le temps de la récolte

Les agriculteurs font leurs récoltes quand les plantes ont grandi et mûri. Certains coupent les cultures à la main. D'autres utilisent une machine appelée moissonneuse-batteuse pour couper et ramasser les plantes.

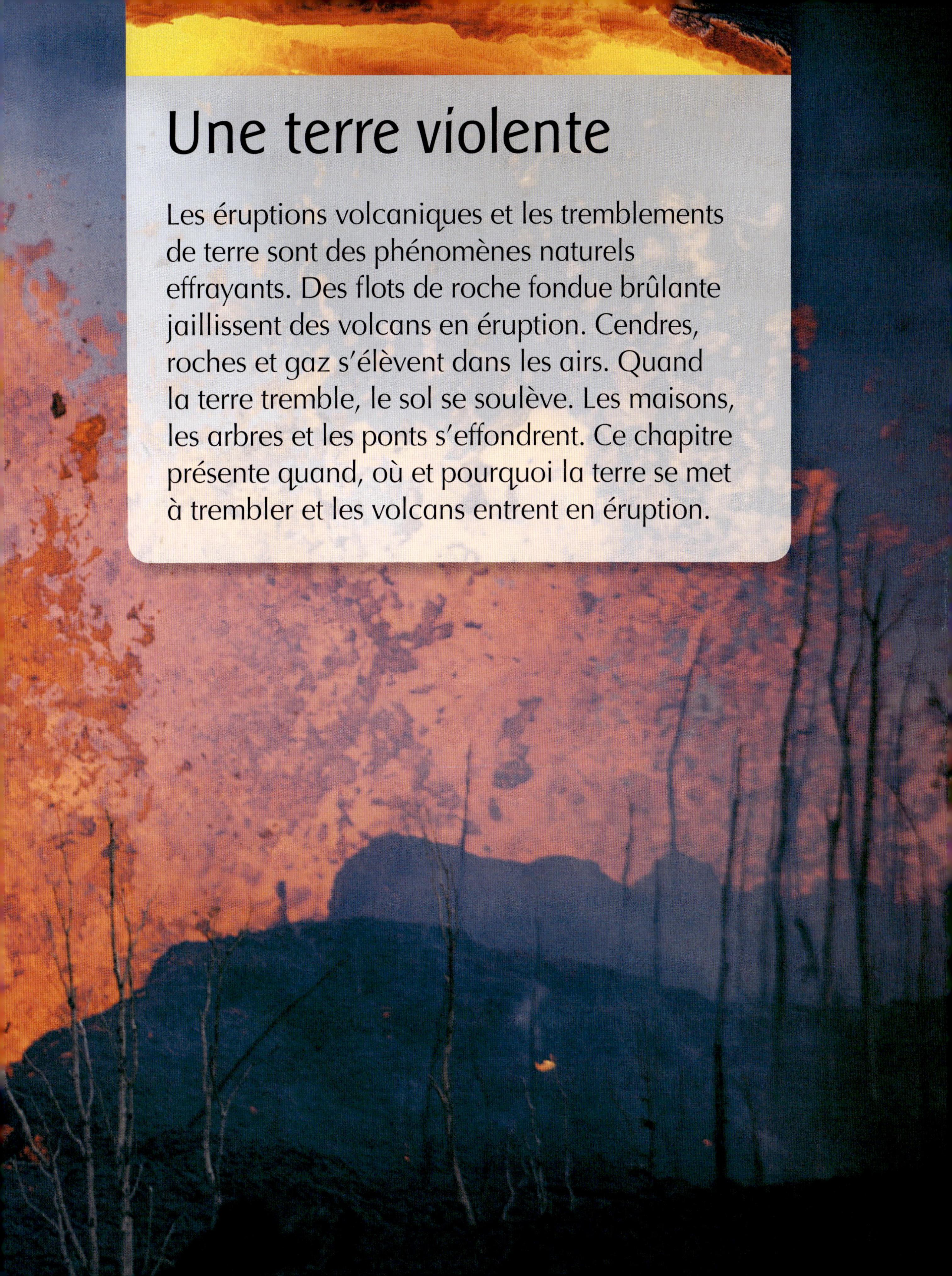

Une terre violente

Les éruptions volcaniques et les tremblements de terre sont des phénomènes naturels effrayants. Des flots de roche fondue brûlante jaillissent des volcans en éruption. Cendres, roches et gaz s'élèvent dans les airs. Quand la terre tremble, le sol se soulève. Les maisons, les arbres et les ponts s'effondrent. Ce chapitre présente quand, où et pourquoi la terre se met à trembler et les volcans entrent en éruption.

La croûte terrestre

La croûte extérieure de la Terre recouvre une roche molle et brûlante. Elle ne forme pas une couche compacte : la croûte terrestre est composée d'immenses plaques rocheuses.

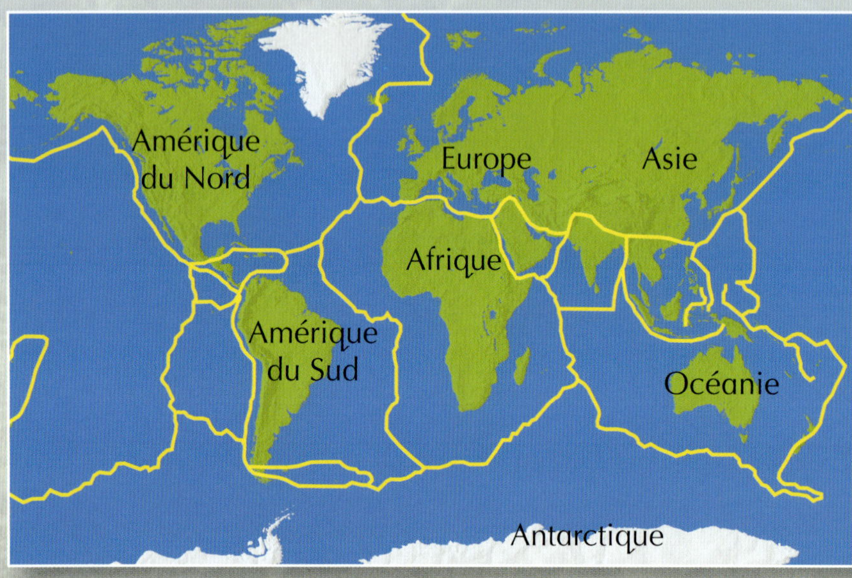

Les lignes jaunes dessinent les limites des plaques terrestres.

Le mouvement des plaques

Les plaques terrestres s'emboîtent comme les pièces d'un puzzle géant. Dans la roche fondue souterraine, des courants font dériver très lentement les plaques. Ces mouvements produisent des tremblements de terre et des éruptions volcaniques à la surface de la Terre.

Les failles

En se déplaçant très lentement à la surface, les plaques terrestres se heurtent et se frottent les unes aux autres. Parfois, à l'endroit où deux plaques se sont frottées, une longue fissure apparaît : c'est une faille.

En Islande, une faille montre l'endroit où deux plaques se rejoignent.

Les volcans

La croûte terrestre est fine et fragile aux endroits où les plaques se rejoignent. De la roche fondue brûlante remonte parfois des profondeurs de la Terre pour se répandre à la surface. Ces endroits sont les volcans (*voir p. 64-75*).

Les tremblements de terre

Quand les plaques se bousculent, elles peuvent provoquer une violente secousse. Cette secousse qui fait bouger le sol est un tremblement de terre (*voir p. 76-85*). Les tremblements de terre causent parfois d'importants dégâts.

Un tremblement de terre a fait s'écrouler ce bâtiment au Japon.

LE SAIS-TU ?

Le mouvement des plaques terrestres est extrêmement lent. Elles se déplacent de 2,5 centimètres, en moyenne, chaque année. Nos ongles poussent à peu près à la même vitesse.

Les éruptions volcaniques

Quand un volcan rejette de la roche fondue, la lave, on dit qu'il entre en éruption. La lave se déverse en flots brûlants, puis elle refroidit pour se transformer en roche solide. Peu à peu, elle constitue des couches qui formeront une montagne.

Au cœur du volcan

La roche brûlante au centre de la Terre est le magma. Il s'accumule sous le volcan dans la chambre magmatique. Quand le magma augmente, la pression monte. De la lave brûlante, des cendres, des gaz et de la vapeur jaillissent alors au sommet du volcan.

Cendres

Cratère

Magma

Des roches volantes

Certaines éruptions volcaniques envoient des masses de lave dans les airs. La roche brûlante refroidit en l'air et retombe sur le sol. Ces roches sont les bombes volcaniques.

LE SAIS-TU ?

En 1815, le Tambora, un volcan d'Asie du Sud-Est, a craché des millions de tonnes de cendres dans les airs. Emportés par le vent, les nuages de cendres se sont répandus tout autour de la Terre. Ce fut l'éruption la plus puissante jamais observée.

La lave jaillit du cratère d'un volcan à Hawaï.

Les cratères

Un cratère est l'ouverture située au sommet d'un volcan. Après l'éruption, des cendres et de la lave solidifiée bouchent le large trou. Ce bouchon sautera brutalement à la prochaine éruption volcanique.

Des nuages de braise

Lors de certaines éruptions, d'énormes nuages de cendres brûlantes sortent du volcan. Ces nuages denses dévalent la montagne encore plus vite que la lave. Ils brûlent tout sur leur passage.

Le Mayon, un volcan des Philippines, rejette un énorme nuage de cendres.

Les types de volcans

La forme d'un volcan dépend du type de lave qu'il déverse. Les deux formes les plus fréquentes sont les volcans hauts en forme de cône et les volcans plus plats en forme de dôme.

Les volcans sous-marins

Certaines éruptions volcaniques ont lieu sous la mer. La lave chaude refroidit dès qu'elle entre en contact avec l'eau. Elle se forme alors en roches arrondies : la lave en coussins.

En forme de cône

Certaines éruptions violentes rejettent une lave épaisse et collante. Ce type de lave ne coule pas très loin avant de refroidir et de se solidifier. Les couches de lave et de cendres s'accumulent alors pour dessiner une montagne en forme de cône.

Un volcan en forme de cône aux Philippines.

Un volcan en forme de dôme sur les îles Hawaï.

En forme de dôme

Certains volcans rejettent une lave fluide. Cette lave coule loin avant de refroidir et de se solidifier. Il se crée alors une montagne basse et arrondie en forme de dôme.

La neige recouvre le sommet du Kilimandjaro, un volcan endormi d'Afrique.

Les volcans endormis

Les volcans ne sont pas toujours en éruption. Un volcan inactif depuis longtemps, mais qui risque d'entrer à nouveau en éruption, est un volcan endormi. Lorsqu'il n'y a plus d'éruption à craindre, on dit d'un volcan qu'il est éteint.

LE SAIS-TU ?

Les volcans, qui ont récemment été ou sont encore en éruption, sont des volcans actifs. Il y a plus de 1 000 volcans actifs dans le monde, mais seuls 20 à 30 d'entre eux entrent en éruption chaque année.

Le mont Saint Helens

En mai 1980, à l'ouest des États-Unis, le volcan du mont Saint Helens est soudain entré en éruption. Le sommet de la montagne a été entièrement soufflé par une violente explosion.

Avant l'éruption

Le mont Saint Helens n'avait pas connu d'éruption depuis 123 ans quand il s'est réveillé en 1980. La montagne semblait paisible, mais la pression montait lentement à l'intérieur.

Wouf !

Quand le mont Saint Helens est entré en éruption, des cendres, des gaz et de la vapeur se sont échappés dans un énorme « wouf ! » (dans un bruit assourdissant). Des gens qui vivaient à des centaines de kilomètres de là ont entendu l'explosion. Une épaisse couche de cendres est retombée en pluie sur les environs.

Des forêts détruites

De hautes forêts couvraient les basses pentes du mont Saint Helens, avant l'éruption. L'explosion a brisé les arbres comme des allumettes.

À retenir

- Le nuage de cendres rejeté par le mont Saint Helens s'est élevé à 20 kilomètres de haut. Il a obscurci le ciel. Emporté par le vent, il s'est propagé très loin. Des villes situées à 300 kilomètres de là ont été recouvertes de cendres.
- Le mont Saint Helens s'est violemment manifesté pendant 4 jours. Des éruptions plus faibles ont suivi pendant plusieurs mois.

Le retour à la vie

Après l'éruption, le mont Saint Helens était un paysage sans vie. Une épaisse couche de cendres couvrait le sol. Elle étouffait les lacs et les rivières. Seulement quelques mois après, des plantes ont recommencé à pousser, et des animaux sont revenus vivre au mont Saint Helens.

Les éruptions célèbres

Les éruptions très fortes causent d'importants dégâts. Quand l'eau ou la neige se mélangent à la cendre volcanique, la vague de boue qui en résulte peut détruire des villes et des villages entiers.

LE SAIS-TU ?

Les spécialistes pensent que l'éruption du Vésuve a tué plus de 20 000 personnes à Pompéi. Le volcan était resté longtemps endormi, c'est pourquoi il n'inspirait aucun danger à la population.

Le mont Vésuve

Il y a environ 2 000 ans, le Vésuve est entré en éruption au sud de l'Italie. La ville romaine de Pompéi a été ensevelie sous une épaisse couche de cendres. Elle n'a été redécouverte que 18 siècles plus tard.

Enfouis sous la cendre

En retombant en pluie sur Pompéi, la cendre chaude a fait de nombreuses victimes. Des corps d'hommes et d'animaux ont laissé leur forme dans la cendre durcie.

Ce moulage en plâtre montre la forme d'un chien conservée par la cendre.

Des cendres meurtrières

En 1991, le mont Pinatubo aux Philippines est entré en éruption. La cendre a recouvert les environs. De fortes pluies ont transformé la cendre en une boue qui a déferlé sur l'île. Plusieurs villages ont été ensevelis sous cette boue.

Une vague de boue

Le Nevado del Ruiz est un volcan de la cordillère des Andes, en Amérique du Sud. En 1985, il est entré en éruption. La lave et la cendre brûlantes se sont mêlées à la neige. Une vague de boue a dévalé la montagne et enseveli la ville d'Armero, dans la vallée.

Merveilleux volcans

La chaleur issue des volcans crée d'étonnants paysages, comme les sources chaudes ou les bassins de boue. Le sol autour des volcans fournit également une terre idéale aux cultures.

Les sources chaudes

L'eau des sources volcaniques est chauffée par les roches souterraines. Il est si agréable de se baigner dans une eau chaude ! Au Japon, pendant les hivers glacés, des singes se baignent dans les sources volcaniques pour se réchauffer.

Des singes se baignent dans une source chaude au Japon.

Des volcans utiles

En se décomposant, la roche et la cendre des volcans enrichissent les sols cultivables. Cette exploitation agricole s'étend sur les pentes d'un volcan aux Philippines. Les cocotiers et le riz poussent bien sur les sols volcaniques fertiles.

LE SAIS-TU ?

Dans le parc national de Yellowstone, aux États-Unis, un geyser envoie un jet d'eau toutes les 72 minutes. Il est surnommé Old Faithfull (« vieux fidèle » en anglais). Le jet peut atteindre 40 mètres de haut.

Les bains de boue

Dans certaines régions volcaniques, l'eau mélangée à la cendre chaude crée des bassins d'une boue bouillonnante et riche en minéraux. Appliquée sur le corps et le visage, cette boue embellit la peau.

La vapeur de ce geyser jaillit très haut dans les airs.

Une fontaine chaude

L'eau qui ruisselle sous terre est parfois chauffée par les roches souterraines. Quand l'eau entre en ébullition, elle jaillit dans les airs comme la vapeur d'une bouilloire. Cette fontaine d'eau chaude est un geyser.

Des vêtements ignifugés et un masque protègent le volcanologue.

Experts en volcan

Les spécialistes qui étudient les volcans sont des volcanologues. Ici, l'un d'eux prélève un échantillon de lave après une éruption à Hawaï, afin d'en savoir plus sur ce volcan.

Étudier les volcans

Rien ne peut arrêter l'éruption d'un volcan. Toutefois, les spécialistes sont souvent capables de prédire une éruption volcanique. En cas de danger, la population est alertée.

Les prélèvements de gaz

Ces scientifiques prélèvent des échantillons de gaz sur un volcan. Une augmentation de la quantité de gaz peut indiquer une éruption prochaine. Le dioxyde de soufre, un gaz volcanique, dégage une odeur d'œuf pourri.

Il faut partir

Parfois, quand une éruption est annoncée, la population doit partir : c'est une évacuation. Ces personnes sont en train d'évacuer l'île de Montserrat, aux Antilles, car un volcan voisin les menace.

Haute surveillance

Juste avant d'entrer en éruption, un volcan laisse parfois s'échapper du gaz et de la vapeur. Il arrive que la montagne se renfle à mesure que la roche fondue s'accumule à l'intérieur. Ce scientifique vérifie la forme du mont Saint Helens en 2004 pour s'assurer qu'il est sans danger.

LE SAIS-TU ?

Certains volcans trompent encore les spécialistes en entrant en éruption sans prévenir. En 1973, un volcan d'Islande, l'Eldfell, a soudain laissé échapper un jet de lave brûlante. Tout le monde croyait le volcan éteint !

Cet immense cratère a été creusé par l'éruption de 1980.

Les tremblements de terre

Les plaques de la croûte terrestre sont sans cesse en mouvement. Les roches souterraines subissent donc une forte pression. Un tremblement de terre (ou séisme) se produit lorsque l'intensité de la pression change brusquement.

L'épicentre est le point de la surface situé au-dessus du foyer.

Les ondes de choc

Un tremblement de terre débute dans les profondeurs de la Terre. Le point où les roches se compriment est appelé foyer. Les ondes de choc partent dans toutes les directions. En surface, c'est à l'endroit situé juste au-dessus du foyer que les dégâts sont le plus important.

Ondes de choc

Foyer

Des constructions anéanties

Un violent séisme provoque une secousse. Les immeubles sont parfois arrachés de leurs fondations. Le verre vole en éclats, les poutres en acier plient comme du caoutchouc. Les maisons chancellent et s'écroulent.

LE SAIS-TU ?

Des milliers de tremblements – parfois minimes – se produisent chaque année. Les petites secousses agitent les lampes au plafond et les bibelots. Les plus violentes détruisent des villes entières.

Un bâtiment déchiqueté sous la violence d'un tremblement de terre.

Un sol craquelé

Lors d'un tremblement de terre, une violente secousse peut fissurer le sol. Des crevasses apparaissent parfois sur les routes et les trottoirs. Certaines sont assez grandes pour engloutir des voitures !

Cette crevasse est apparue sur une route après un tremblement de terre en Californie, (États-Unis, 1989).

Des ponts brisés

Une violente secousse peut endommager les routes et les ponts. En 1995, au Japon, un tremblement de terre a détruit cette autoroute. Quand les routes et les chemins de fer sont anéantis, il devient difficile pour les secours d'atteindre la région touchée par la catastrophe.

Les effets des séismes

Un tremblement de terre ne dure que quelques secondes, mais la secousse peut causer de terribles dégâts. Les séismes provoquent aussi des incendies et des glissements de terrain, ou transforment le sol en boue.

Au feu !

Les incendies sont provoqués par des conduites de gaz ou d'électricité endommagées par le tremblement de terre. En 1989, après un tremblement de terre, le feu a balayé la ville de San Francisco, aux États-Unis. Des conduites d'eau ont été détruites par la secousse, ce qui a compliqué la tâche des pompiers chargés d'éteindre l'incendie.

La rupture d'un barrage

Un violent séisme peut détruire un barrage construit sur un cours d'eau. Le barrage saute et l'eau s'engouffre dans la rivière. Plus bas, les villes et les villages sont balayés. Ce barrage à Taïwan a été anéanti par un tremblement de terre en 1989.

Un glissement de terrain
sur le versant
d'une colline.

Le glissement de terrain

Quand la terre tremble, des morceaux entiers du sol se détachent et sont emportés. Ce glissement de terrain a eu lieu après un tremblement de terre en Amérique centrale, en 2001.

En 1970, un tremblement de terre dans la cordillère des Andes a fait glisser une masse de neige d'un haut sommet. Un torrent de boue, de roche et de glace a dévalé la montagne et détruit la ville de Yungay (Pérou).

L'affaissement du sol

Une violente secousse peut transformer en boue un sol argileux ou sableux. Les bâtiments s'affaissent dans la boue ou se renversent. Ces immeubles d'habitation se sont effondrés à Niigata, au Japon, après un tremblement de terre en 1964.

Les tsunamis

Les tremblements de terre se produisent aussi bien sous la mer que sur la terre. Quand la secousse a lieu au fond de la mer, elle peut provoquer d'énormes raz de marée : les tsunamis. Ces vagues puissantes traversent l'océan et anéantissent les villes quand elles atteignent les côtes.

Le tsunami de 2004

En décembre 2004, un violent tremblement de terre a secoué le fond de la mer près de l'Indonésie (Asie du Sud-Est). Des raz de marée se sont propagés comme des rides sur l'eau. Ils ont parcouru près de 5 000 kilomètres avant d'anéantir des villes côtières en Inde et même en Afrique.

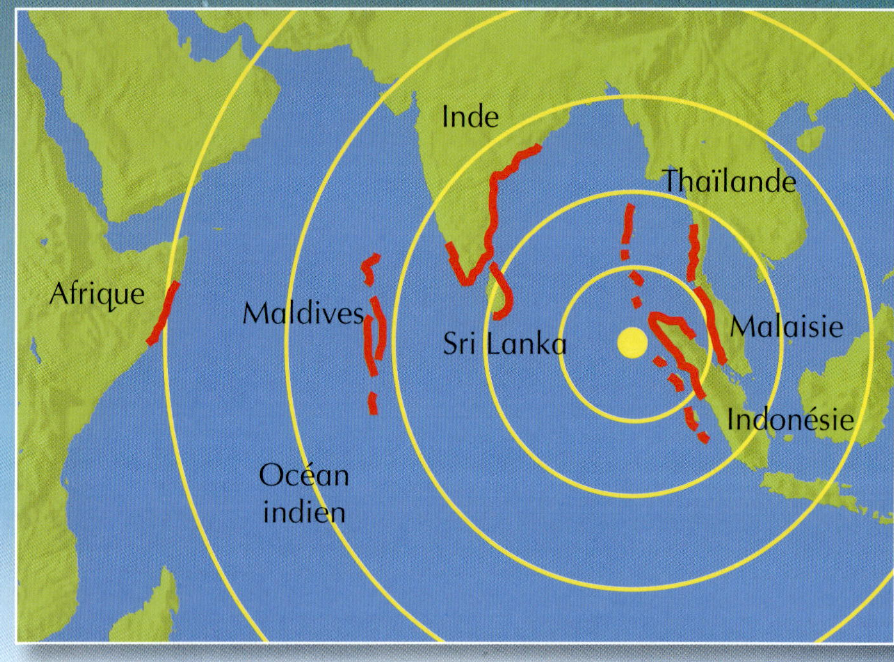

Légende de la carte

Régions frappées par le tsunami · Épicentre · Déplacement des vagues du centre vers l'extérieur

Toutes ces constructions, en Indonésie, ont été détruites par le tsunami de 2004.

Le Krakatoa

Les éruptions volcaniques peuvent aussi provoquer des tsunamis. En 1883, un volcan sur l'île Krakatoa, en Indonésie, entre en éruption. L'explosion déclenche des tsunamis qui se propagent dans toutes les directions. Les vagues inondent des villes côtières et font 36 000 morts.

LE SAIS-TU ?

Quand le Krakatoa est entré en éruption, la détonation a été entendue à 5 000 kilomètres de là. L'explosion a détruit la plus grande partie de l'île, mais les coulées de lave ont formé une nouvelle île. Celle-ci a été surnommée Anak Krakatoa, qui veut dire « enfant de Krakatoa ».

Des vagues gigantesques

En mer, les tsunamis sont d'abord des vagues basses à peine visibles. Elles se développent et deviennent beaucoup plus importantes quand elles atteignent des eaux peu profondes. Ces raz de marée offrent un spectacle terrifiant quand ils s'abattent sur la côte.

Des côtes anéanties

C'est sur les côtes de l'Indonésie que les dégâts du tsunami de 2004 ont été les plus importants. Des villes entières ont été complètement rasées par les vagues. Les bateaux ont été repoussés vers la côte et jusqu'à l'intérieur des terres.

Les secousses meurtrières

Un tremblement de terre peut être incroyablement destructeur. Les dégâts sont souvent considérables dans les villes où les immeubles s'effondrent sur les habitants. Les tremblements de terre ont provoqué des catastrophes en de nombreux points de la planète.

Lisbonne, 1755

En 1755, la terre a tremblé sous la mer près de la capitale du Portugal : Lisbonne. D'énormes vagues ont anéanti le port. Les cierges qui éclairaient les bâtiments se sont renversés. Des incendies ont alors ravagé toute la ville.

San Francisco se trouve sur une faille, à l'endroit où deux plaques glissent l'une sur l'autre. La faille court sur 1 200 kilomètres le long de la côte ouest des États-Unis. San Francisco a connu de nombreux tremblements de terre dont ceux de 1906, 1986 et 1989.

San Francisco, 1906

En 1906, un violent tremblement de terre a secoué la ville de San Francisco, aux États-Unis. Des incendies se sont déclenchés et ont fait rage pendant plusieurs jours, les pompiers n'ayant plus d'eau pour les éteindre.

Arménie, 1988

En 1988, un violent tremblement de terre a secoué l'Arménie, dans l'ouest de l'Asie. La ville de Spitak a été détruite. Près de 50 000 personnes sont mortes et plus encore sont restées sans abri.

Des survivants dans les ruines de Spitak.

Cachemire, 2005

En 2005, une puissante secousse a frappé la région du Cachemire, dans l'Himalaya. Des glissements de terrain ont détruit les routes et les ponts, ce qui a ralenti l'arrivée des secours.

Il a fallu des hélicoptères pour transporter les victimes à l'hôpital.

Observer les tremblements de terre

Les scientifiques utilisent des machines pour mesurer la puissance des tremblements de terre. S'ils pensent qu'un tremblement de terre est sur le point de se produire, ils alertent la population. Mais il est très difficile de dire exactement où et quand la secousse aura lieu.

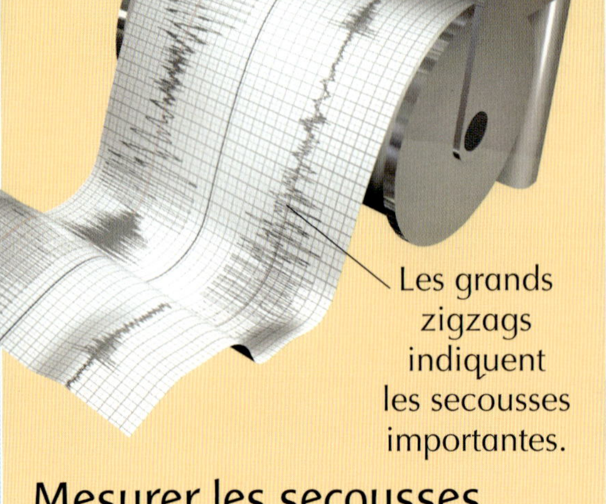

Les grands zigzags indiquent les secousses importantes.

Mesurer les secousses

Un sismographe mesure la secousse provoquée par un tremblement de terre. Des crayons sont fixés à des poids sur un rouleau de papier. Lors de la secousse, le papier tremble et les crayons dessinent des zigzags.

LE SAIS-TU ?

En 1975, dans la ville chinoise de Haicheng, des scientifiques ont remarqué le comportement étrange de certains animaux. Ils ont donné l'ordre d'évacuer la ville. Quelques heures plus tard, la terre s'est mise à trembler.

Se fier aux animaux

Il arrive que les animaux se comportent bizarrement juste avant un tremblement de terre. Les rats s'enfuient, les chats miaulent et les chiens aboient. D'après certains spécialistes, les animaux sont capables d'entendre le son faible et très aigu des roches qui grincent avant la secousse.

La forme en pyramide de ce bâtiment l'aide à rester debout en cas de secousses.

Les exercices de sécurité

Quand la terre tremble, la population doit rester à l'intérieur et se cacher sous un bureau ou une table solides. Cette petite Japonaise apprend ce qu'il faut faire en cas de séisme. Un capuchon rembourré protège sa tête.

Des bâtiments plus sûrs

Dans les régions touchées par les tremblements de terre, les bâtiments sont conçus pour résister aux secousses. Ce gratte-ciel de San Francisco est soutenu par de solides poutres en acier.

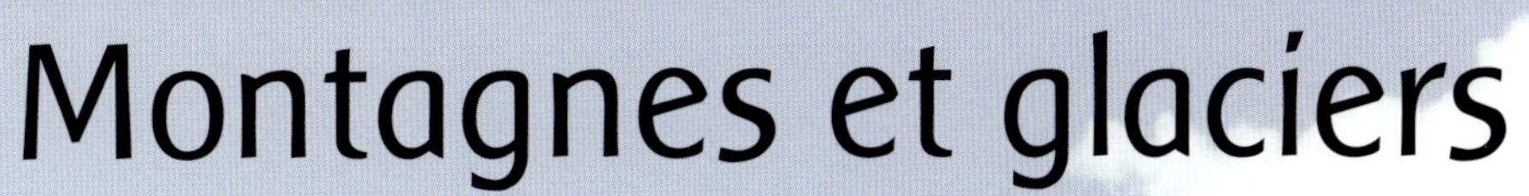

Montagnes et glaciers

Les montagnes sont les endroits les plus élevés de la Terre. Ce chapitre explique comment sont nés les sommets rocheux. Tu sauras à quoi ressemblent les plantes et les animaux qui y vivent. Ces régions sont de magnifiques lieux de séjour, mais certaines personnes y vivent et y travaillent toute l'année. Tu apprendras aussi les dangers de la montagne, à quoi ressemble un glacier et comment il s'est formé.

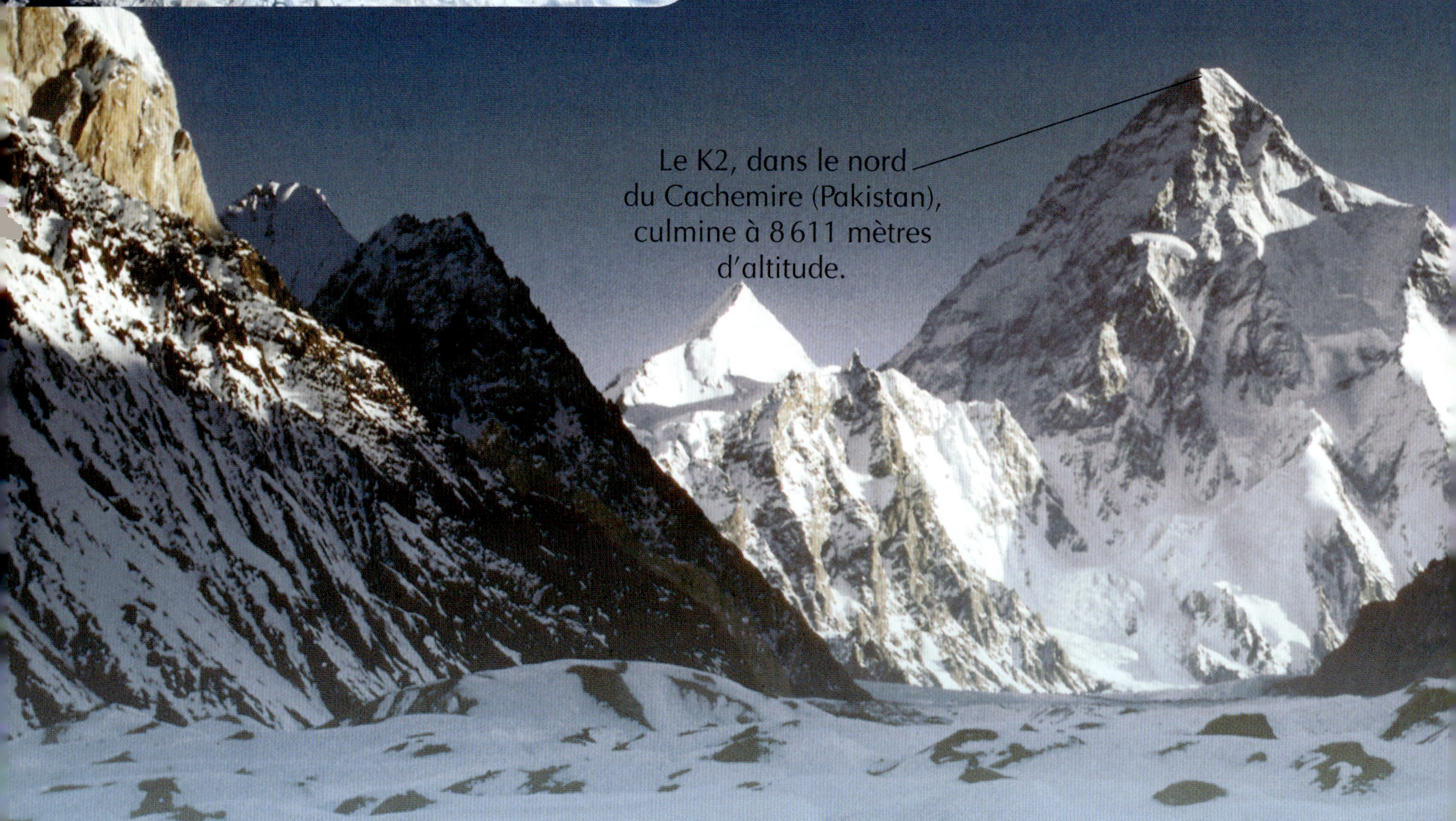
Le K2, dans le nord
du Cachemire (Pakistan),
culmine à 8 611 mètres
d'altitude.

Les hautes montagnes

Les montagnes sont des régions rocheuses élevées qui dominent les alentours. De nombreuses montagnes ont des pentes abruptes. Les très hauts sommets sont froids et couverts de neige.

Amérique
du Sud
Cordillère
des
Andes

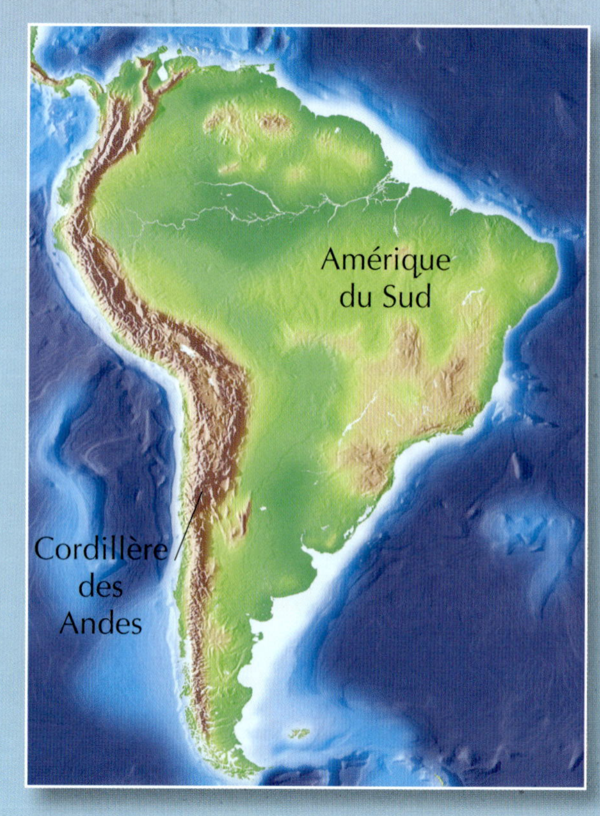

Les chaînes de montagnes

Certaines montagnes sont isolées, mais la plupart d'entre elles forment de longues lignes : les chaînes. La cordillère des Andes, en Amérique du Sud, est la chaîne la plus longue du monde. Elle s'étire sur 7 200 kilomètres.

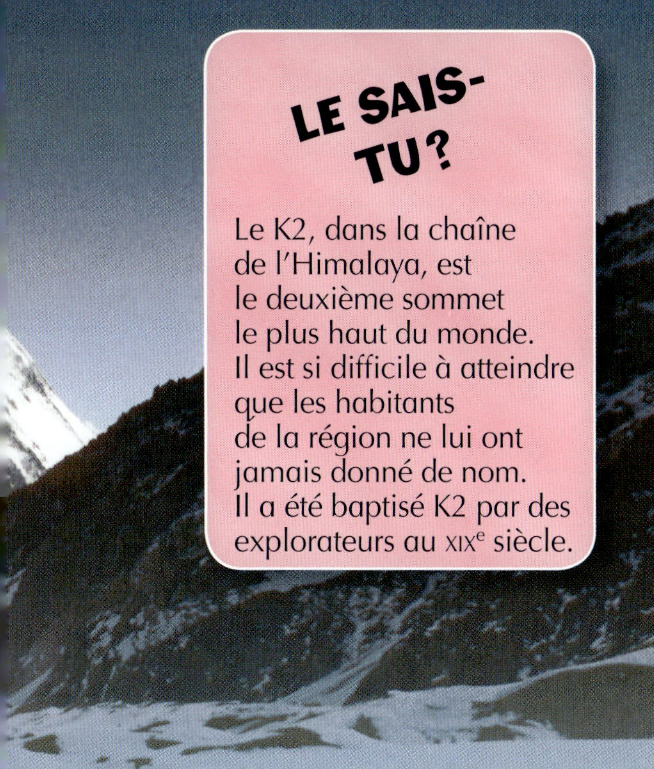

LE SAIS-TU ?

Le K2, dans la chaîne de l'Himalaya, est le deuxième sommet le plus haut du monde. Il est si difficile à atteindre que les habitants de la région ne lui ont jamais donné de nom. Il a été baptisé K2 par des explorateurs au XIXe siècle.

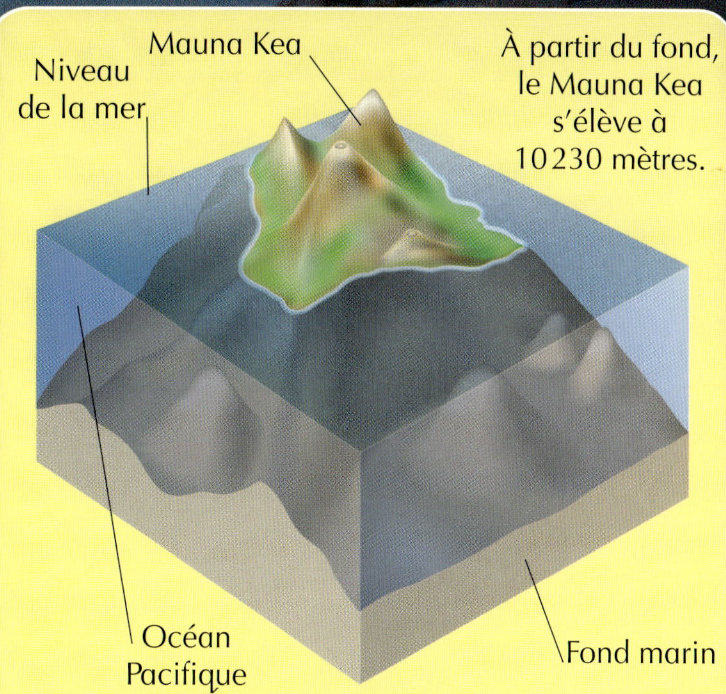

Les pieds dans l'eau

Les montagnes sont mesurées à partir du niveau de la mer. Le Mauna Kea, à Hawaï, s'élève à 4208 mètres au-dessus du niveau de la mer, avec une partie sous l'eau. Si on le mesure en partant du fond, le Mauna Kea est plus haut que l'Everest.

L'Himalaya

L'Himalaya, au sud de l'Asie, est la chaîne de montagne la plus élevée de la planète. Cet ensemble imposant comprend le mont Everest qui est, avec ses 8848 mètres d'altitude, le plus haut sommet du monde.

Le plus haut sommet d'Afrique

Le mont Kilimandjaro est la plus haute montagne d'Afrique. Il culmine à 5895 mètres. Le sommet est enneigé, alors que le Kilimandjaro se trouve près de l'équateur où le climat est chaud.

Le plissement des montagnes

Plusieurs de nos plus hautes montagnes s'élèvent aux endroits où deux plaques terrestres ont fait pression l'une contre l'autre. Repoussées vers le haut, les roches ont formé des plis montagneux.

Montagnes plissées dans les Pyrénées (Espagne).

Comment se forment les plis ?

Les chaînes de montagnes plissées se forment là où deux plaques terrestres entrent en collision. À la surface, la partie située à la jonction des plaques remonte. Les roches se plissent et créent des sommets montagneux. L'Himalaya en Asie, les Pyrénées et les Alpes en Europe, sont des chaînes plissées.

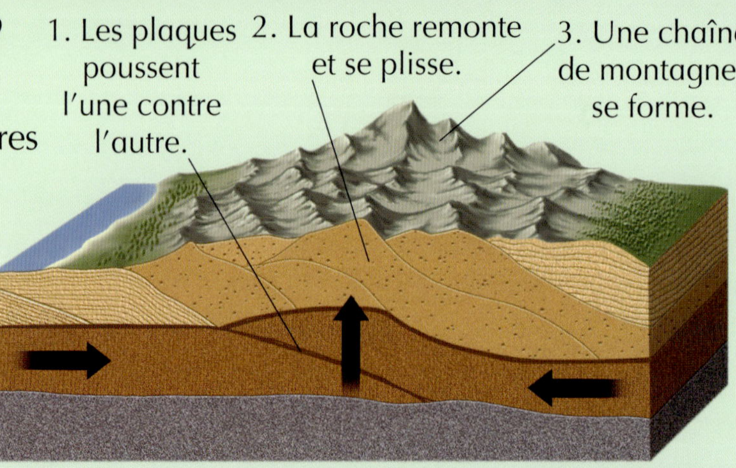

Des couches en zigzag

Ce rocher est situé au Royaume-Uni. Quand les couches rocheuses ont été écrasées, elles ont formé des plis et ont dessiné d'étonnants motifs en zigzag.

LE SAIS-TU ?

Les Alpes et l'Himalaya continuent à s'élever avec la poussée des roches. Dans 1 000 ans, ces montagnes auront gagné environ 1 mètre en hauteur.

Les montagnes volcaniques

Autre type de montagne, le volcan se forme lorsque la roche fondue jaillit à la surface de la Terre. Les couches de lave s'accumulent et créent une montagne élevée en forme de cône.

Le Cotopaxi est une montagne volcanique située en Équateur (Amérique du Sud).

Blocs et dômes

Il existe d'autres types de montagnes, aux pentes abruptes ou aux sommets arrondis. Il faut plusieurs millions d'années pour qu'une montagne se forme, et certaines sont nettement plus vieilles que d'autres. Les montagnes jeunes sont généralement beaucoup plus hautes que les montagnes anciennes.

Les Tetons, en Amérique du Nord, sont des blocs montagneux.

Les blocs montagneux

Le mouvement des plaques terrestres fait parfois apparaître de longues fissures : les failles (*voir p. 62*). Lorsqu'un énorme morceau de roche remonte entre deux failles, il crée un massif aux pentes abruptes : un bloc montagneux.

Comment se forme un bloc ?

Le schéma montre comment des blocs rocheux repoussés vers le haut entre deux failles ont créé des montagnes. Quand un bloc s'affaisse, il forme une vallée profonde et plate : un rift.

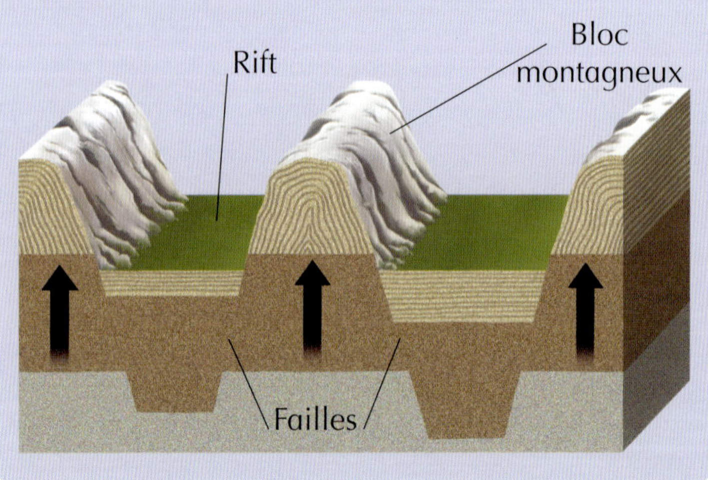

Comment se forme un dôme ?

Un dôme se forme lorsque de la roche fondue remonte du sous-sol, et refroidit avant d'atteindre la surface. Les couches du sommet s'élèvent alors pour former un dôme arrondi. Plus tard, les roches du sommet s'usent et révèlent le dôme de roche volcanique.

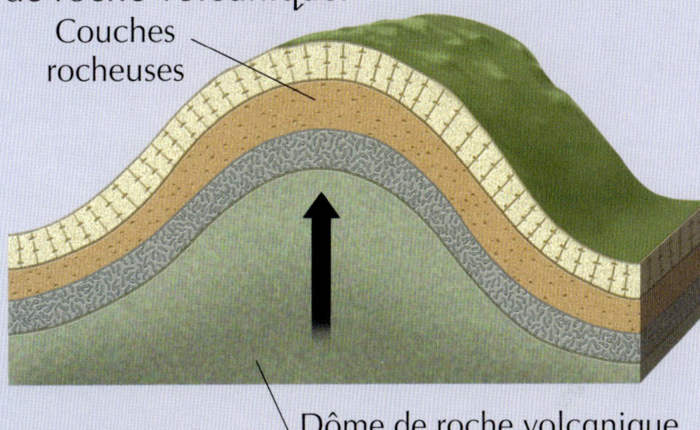

LE SAIS-TU ?

Le plus haut sommet de Grande-Bretagne, le Ben Nevis, s'élève à 1 344 mètres. Il est situé dans la chaîne des Grampians en Écosse. Autrefois, la chaîne était plus haute que l'Himalaya aujourd'hui, mais elle s'est usée pendant des millions d'années.

Les dômes

L'érosion ronge lentement les montagnes. Après plusieurs millions d'années, celles dont les cimes sont déchiquetées s'arrondissent et diminuent en hauteur. Le Ben Nevis (à gauche), en Écosse, est un dôme très ancien au sommet arrondi.

Le mont Everest

Avec 8 848 mètres d'altitude, le mont Everest est le plus haut sommet du monde. Cette célèbre montagne fait partie de l'Himalaya, à la frontière du Népal et du Tibet, à l'ouest de la Chine. Les habitants de la région l'appellent Chomolungma, qui signifie « déesse mère du monde ».

La neige recouvre les pentes rocheuses et dénudées de l'Everest.

LE SAIS-TU ?

Le Lhotse, quatrième plus haut sommet du monde, se trouve tout près de l'Everest. Les deux montagnes sont reliées par un col enneigé.

La conquête de l'Everest

En 1953, Edmund Hillary, de Nouvelle-Zélande, et Tenzing Norgay, du Népal, ont été les premiers à atteindre le sommet de l'Everest. Depuis, beaucoup d'autres alpinistes ont escaladé cette montagne malgré le danger et les difficultés.

À retenir

- L'altitude de l'Everest a été mesurée pour la première fois en 1856. Le sommet a reçu le nom de sir George Everest, un célèbre géographe anglais.
- L'Italien Reinhold Messner a été le premier homme à escalader l'Everest, seul et sans bouteille d'oxygène pour l'aider à respirer.
- Plus de 2 000 personnes ont atteint le sommet de l'Everest.

Les sherpas

Les sherpas sont des montagnards vivant dans la région de l'Everest, au Népal. Habitués au froid, ils sont très résistants. Certains d'entre eux travaillent comme guides de montagne, d'autres portent de lourdes charges sur les pentes abruptes.

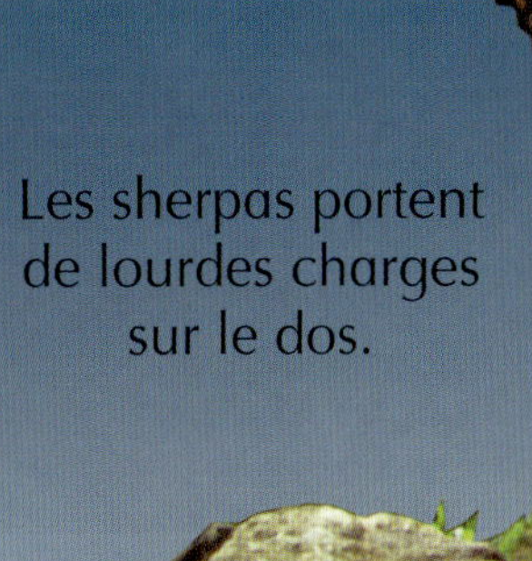

Les sherpas portent de lourdes charges sur le dos.

La ville des sherpas

Namche Bazar est le plus grand village proche de l'Everest. C'est là que vivent les sherpas. Il y a peu, le village était minuscule. Aujourd'hui, alpinistes et randonneurs y font étape vers l'Everest, l'endroit est devenu animé.

Falaises et rochers

La pluie, le vent et la glace donnent parfois aux montagnes des formes surprenantes : des falaises abruptes, des rochers escarpés ou de hauts piliers rocheux.

Monument Valley

Cette vallée de l'ouest des États-Unis est parsemée de nombreux rochers escarpés, aux sommets aplatis. Ce rocher a un jumeau parfaitement identique qui lui fait face : on les appelle The Mittens (« les mitaines »).

Le vent et la pluie ont usé la roche pour ne laisser qu'un haut pilier.

Les « marbres du diable »

Ces roches étonnantes se trouvent dans le désert de Tanami, en Australie, où les journées sont torrides et les nuits glaciales. La chaleur et le froid ont effrité et usé les roches, leur donnant l'aspect de blocs de marbre géants.

Uluru

Ce massif de grès situé au centre de l'Australie a pour nom Uluru. Le rocher de 348 mètres de hauteur est tout ce qu'il reste d'une chaîne de montagnes qui couvrait autrefois la région.

LE SAIS-TU ?

Uluru est aussi appelé Ayers Rock.
C'est un lieu sacré pour les Aborigènes, peuple natif d'Australie.

Les buttes de Dartmoor

Les buttes rocheuses sont constituées d'une roche dure volcanique : le granite. Le gel et la pluie fissurent la roche et créent des formes escarpées. On trouve de nombreuses buttes rocheuses à Dartmoor, au sud de l'Angleterre.

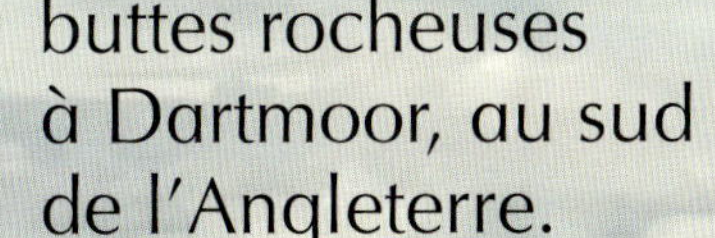

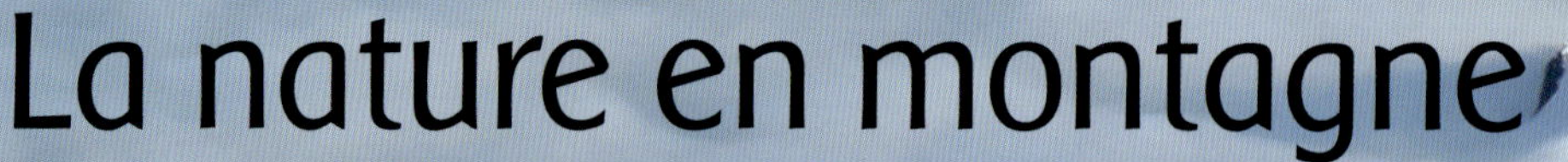

La nature en montagne

La montagne offre des conditions climatiques extrêmes, avec des hivers longs et glacials. Le temps est souvent venteux, pluvieux ou neigeux. Les plantes et les animaux de montagne doivent faire preuve de résistance sous un tel climat.

Brrrrr !

En montagne, l'air est plus léger (il contient moins de gaz) que l'air en plaine. Il retient moins la chaleur du Soleil. Ainsi, plus tu grimpes en altitude, plus il fait froid !

Les personnes qui habitent ou séjournent en montagne doivent porter des vêtements chauds afin de se protéger du froid.

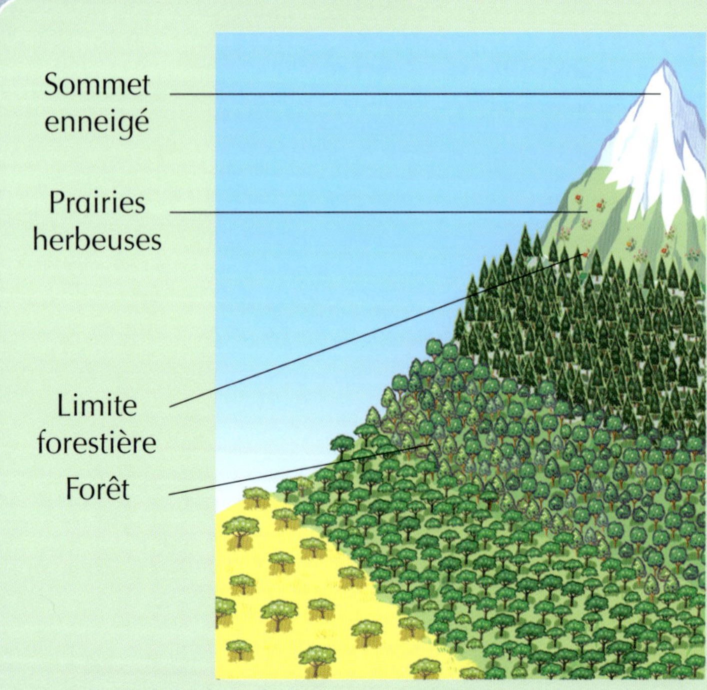

Les plantes de montagne

Les différentes espèces de plantes varient en fonction de l'altitude. Les arbres ne poussent pas au-delà de 2 000 mètres (la limite forestière). Au sommet, aucune plante ne peut résister, et la neige recouvre la roche dénudée. À mi-pente, on trouve des prairies herbeuses remplies de fleurs.

Les animaux de montagne

Les animaux vivant sur les hauteurs ont un pelage qui les protège du froid. Les oiseaux ont un plumage très chaud. Ce lama vit dans la cordillère des Andes. Il a de grands poumons qui l'aident à respirer l'air montagneux.

LE SAIS-TU ?

Les marmottes vivent en haute montagne, un peu partout dans le monde. Elles y restent toute l'année, passant l'hiver à dormir dans leurs terriers : on dit alors qu'elles hibernent.

Changer d'altitude

Ces chamois, qui ressemblent un peu à des chèvres, vivent dans les Alpes. En été, ils grimpent sur la montagne pour brouter. En automne, ils redescendent dans la vallée pour s'abriter pendant l'hiver glacial.

Sous les sabots, des coussinets évitent de glisser sur les pentes rocheuses.

Les dangers en montagne

Vivre ou séjourner en montagne n'est pas toujours sans danger. Parfois, le temps est si mauvais que des plaques de neige ou de roches se détachent et dévalent les pentes.

Les glissements de terrain

En 2005, en Californie (États-Unis), des maisons construites à flanc de montagne ont été emportées par un glissement de terrain. Avec les fortes pluies, des morceaux de roches se sont détachés et ont dévalé la pente.

LE SAIS-TU ?

Les personnes non habituées à vivre en altitude peuvent souffrir du mal des montagnes. Cela se traduit par des maux de tête, des nausées et des vertiges. Pour y remédier, il suffit de descendre à une altitude plus faible.

L'avalanche

Une avalanche se produit lorsqu'une masse de neige se détache de la montagne et dévale la pente. Un grand bruit ou même des skieurs peuvent déclencher une avalanche. La neige gagne de la vitesse et peut dévaler la montagne à 300 kilomètres à l'heure.

Prévenir les avalanches

Dans les Alpes, ces barrières ont été posées pour protéger un village des avalanches. Elles maintiennent la neige en place. Le risque augmente quand les couches de neige commencent à fondre au printemps.

Les secours

Lorsqu'une personne est ensevelie sous une avalanche, les sauveteurs doivent réagir très rapidement. Ils utilisent parfois des chiens pour flairer la victime. Ensuite, les sauveteurs creusent la neige avec des pelles.

Les chiens sauveteurs utilisent leur odorat pour trouver les victimes ensevelies sous une avalanche.

Les richesses de la montagne

Elles sont nombreuses. Les agriculteurs cultivent la terre ou élèvent des animaux sur les pentes. Les mineurs extraient de la roche des métaux précieux. Mais la plupart des régions montagneuses ne sont pas très peuplées, car les conditions de vie y sont rudes.

L'agriculture

Les agriculteurs cultivent des plantes, comme la pomme de terre ou le riz, qui s'accommodent de conditions difficiles. Sur les pentes abruptes, on construit des murs bas afin de créer des terrains plats appelés terrasses.

Le riz pousse sur ces terrasses aménagées à flanc de montagne.

L'élevage

Les agriculteurs élèvent aussi des animaux comme les moutons, les yacks, les chèvres ou les lamas. Ils produisent de la viande, du lait et de la laine. Ces animaux vont paître sur les pentes pierreuses trop raides pour les cultures.

Dans l'Himalaya, les yacks sont utiles pour transporter de lourdes charges.

Les villages de montagne

La plupart des villages de montagne sont construits dans des vallées abritées, et non sur des sommets venteux. Malgré tout, le climat rude des montagnes rend la vie difficile aux habitants. Ce village se trouve au Népal, dans la région de l'Himalaya.

LE SAIS-TU ?

El Alto, en Bolivie, est l'une des plus hautes villes du monde. Elle est située à 4 100 mètres d'altitude dans la cordillère des Andes, en Amérique du Sud. À 3 600 mètres d'altitude, La Paz est la capitale la plus haute du monde : celle de la Bolivie.

Les mines de montagne

Certaines montagnes contiennent des minerais. Les mineurs creusent des tunnels – comme celui-ci, dans une mine d'argent – afin d'extraire les roches métallifères.

Les séjours en montagne

Certaines personnes choisissent de passer leurs vacances à la montagne pour la beauté de la nature et des paysages. D'autres aiment escalader les versants abrupts ou descendre les pentes enneigées à ski.

Les sports d'hiver

Le ski et le snow-board sont des sports appréciés en hiver. Les vacanciers séjournent dans des stations de ski, où les pentes enneigées sont praticables et où des remonte-pentes les conduisent en haut des pistes. Il faut beaucoup d'entraînement pour devenir un bon skieur !

La randonnée

La randonnée est un excellent moyen de découvrir la beauté des paysages de montagne. Certains randonneurs emportent leur tente et leurs provisions dans un sac à dos. D'autres font étape dans des refuges. Ces randonneurs courageux escaladent le Pirin, en Bulgarie.

Les transports

Les pentes abruptes rendent les déplacements difficiles en montagne. Les routes longent les vallées ou montent en zigzag vers les cols. Les téléphériques conduisent les visiteurs en haut des pentes raides ou d'un sommet à un autre.

Ce téléphérique rejoint le sommet du Pain de Sucre, à Rio (Brésil).

Découvrir la nature

Certaines personnes vont à la montagne pour observer la nature – oiseaux, papillons ou fleurs de printemps. De nombreuses régions de montagne sont des parcs naturels. Les espèces menacées, comme ce gorille des montagnes, y sont protégées.

LE SAIS-TU ?

Des tunnels sont creusés à l'explosif dans la montagne pour y faire passer des routes et des chemins de fer. Sous le mont Blanc, qui est le plus haut sommet d'Europe, le tunnel fait 11,6 kilomètres de long.

Des touristes observent un gorille au Congo, (Afrique).

Les glaciers

Ils se forment en haute montagne. Ce sont des rivières de glace qui descendent très lentement la pente, en emportant des débris rocheux sur leur passage.

Comment se forme un glacier ?

Dans les hautes montagnes, la neige ne fond pas. Elle s'accumule en couches épaisses. Celle du dessous est comprimée et se transforme en glace. Cette glace devient si lourde et glissante qu'elle descend de la montagne.

Au pied du glacier

Au bas de la pente, l'air s'est un peu réchauffé et la glace commence à fondre. Tous les débris rocheux emportés par la glace se déposent au pied du glacier.

De profondes crevasses apparaissent lorsque la glace se fissure.

Le glacier le plus long du monde est le glacier Lambert, en Antarctique. Il s'étend sur 515 kilomètres, des montagnes jusqu'à la mer.

Ötzi, l'homme des glaces

En 1991, deux alpinistes trouvent les restes d'un homme préhistorique dans un glacier des Alpes. L'homme est mort il y a 5 000 ans, alors qu'il marchait dans la montagne. La glace a conservé son corps. Ötzi porte le nom d'une vallée d'Autriche, où il a été découvert.

Voilà à quoi devait ressembler Ötzi.

Les moraines

Les moraines consistent en une accumulation de sédiments (argiles, blocs rocheux), déposés par un glacier. La roche arrachée des flancs de la vallée par l'avancée du glacier forme des stries sombres (à droite).

Le glacier d'Aletsch, en Suisse, est le plus long d'Europe.

L'érosion glaciaire

Autrefois, les glaciers occupaient un espace beaucoup plus important qu'aujourd'hui (*voir p. 110-111*). Après la fonte de certains d'entre eux, des paysages sculptés par la glace sont apparus, tels que des vallées en « U » ou des fjords abrupts.

LE SAIS-TU ?

En général, les glaciers avancent très lentement, d'environ 1 ou 2 mètres par jour. Le Quarayaq, un glacier du Groenland, est beaucoup plus rapide : il parcourt plus de 20 mètres par jour !

Les pics

Le pic du Cervin se trouve dans les Alpes suisses. Ce sommet haut et pointu a été sculpté par les glaciers qui se sont écoulés autour de la montagne.

Les vallées en « U »

Lorsqu'un glacier descend de la montagne, il agit comme un bulldozer géant. La glace creuse une vallée profonde et plate, tandis que les débris rocheux emportés par le glacier rabotent le sol.

Un glacier a sculpté cette profonde vallée en « U » du pays de Galles.

Les lacs de montagne

Certains petits lacs ronds que l'on rencontre en montagne sont l'œuvre des glaciers. La glace a creusé en altitude des trous en forme de cuvette. Quand la glace a fondu, le trou s'est rempli d'eau.

Un bateau de croisière visite un fjord escarpé de Norvège.

Les fjords

Un fjord est une vallée aux versants abrupts, sculptée par les glaciers, il y a des milliers d'années. Quand la glace a fondu, la mer s'est engouffrée dans la vallée et a créé un fjord.

Les calottes glaciaires

Dans les régions très froides, la neige ne fond jamais. La masse de neige s'accumule pour former une épaisse couche de glace appelée calotte glaciaire. Autrefois, la glace recouvrait une partie plus importante de la surface terrestre.

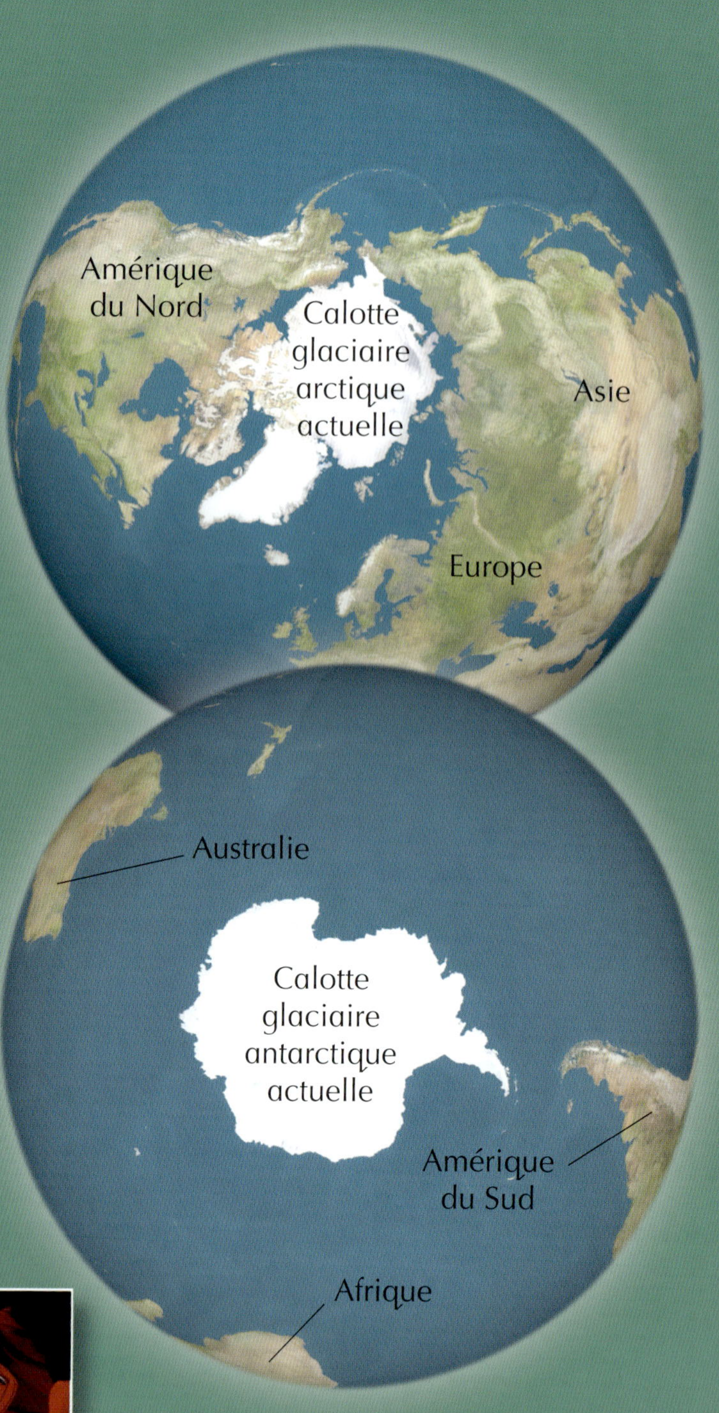

La glace polaire

Une épaisse couche de glace recouvre l'Arctique et l'Antarctique (*voir p. 33*). En hiver, l'océan gèle et la surface de glace s'étend. En été, l'océan fond et l'étendue de glace diminue à nouveau.

Prélèvement d'un échantillon de sol (ou carotte).

La vieille glace

La calotte glaciaire de l'Antarctique atteint 4 kilomètres de profondeur. La vieille glace de la couche profonde provient d'une neige tombée il y a plusieurs siècles. Des scientifiques l'étudient pour connaître les conditions climatiques des siècles passés.

Les ères glaciaires

Pendant les longues périodes de froid, les ères glaciaires, la glace recouvrait une grande partie de l'Europe et de l'Amérique du Nord. Cette carte montre l'étendue de glace sur la Terre pendant la dernière ère glaciaire, terminée il y a environ 10 000 ans.

Compare avec la page de gauche qui montre la calotte glaciaire arctique de nos jours.

LE SAIS-TU ?

Aujourd'hui, la glace recouvre environ un dixième de la surface de la Terre. Pendant la dernière ère glaciaire, elle occupait environ un quart de la planète.

Le mammouth laineux

Pendant la dernière ère glaciaire, d'énormes éléphants poilus, les mammouths, vivaient en Asie, en Europe et en Amérique du Nord. À la fin de cette période, tous les mammouths avaient disparu. Des cadavres ont été retrouvés dans la glace, au nord de la Russie.

Rivières, lacs et grottes

Petits filets d'eau douce, les ruisseaux sillonnent la campagne avant de se jeter dans les rivières. Celles-ci forment à leur tour de majestueux cours d'eau, les fleuves, qui s'écoulent jusqu'à la mer. Elles façonnent le paysage, remplissent les lacs, et sculptent des grottes et des canyons. Utilisées pour les transports et les loisirs, elles sont aussi parfois dangereuses. Ce chapitre explique ce qu'il faut savoir sur les eaux douces.

Au long de la rivière

Le cours d'une rivière est le trajet parcouru entre l'endroit où elle prend sa source, en haut d'une colline ou d'une montagne, et celui où elle s'achève, dans un lac ou dans la mer.

Un torrent dévale la montagne.

La source

Le point de départ d'une rivière est la source. Alimentée par la pluie ou la neige fondue, l'eau jaillit du sol en glougloutant ou ruisselle à partir d'un lac ou d'un glacier.

Le cours d'une rivière

Dans son cours supérieur, une rivière jaillit d'une colline ou d'une montagne, en creusant des gorges et des vallées. Dans son cours moyen et son cours inférieur, elle dessine des vallées plus larges et crée des espaces plats : les plaines d'inondation.

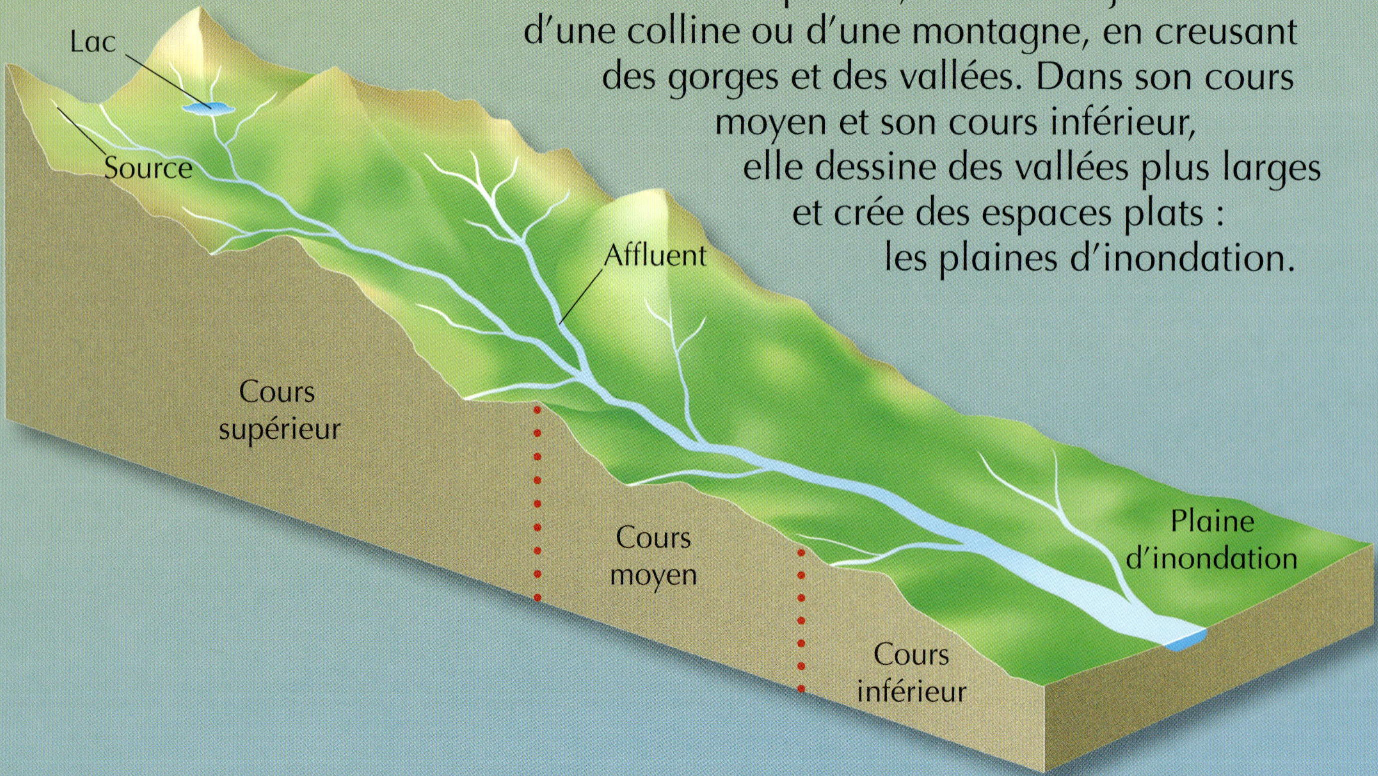

Lac
Source
Affluent
Cours supérieur
Cours moyen
Cours inférieur
Plaine d'inondation

Le travail de l'érosion

Quand un cours d'eau descend de la montagne, il transporte avec lui des pierres et des roches. Les pierres rebondissent au fond de la rivière et emportent à leur tour de la terre et des cailloux.

Un ours se promène sur les roches et les cailloux déposés par une rivière de montagne.

LE SAIS-TU ?

Le Nil est, avec l'Amazone, le plus long fleuve du monde. Il prend sa source dans les montagnes de l'est de l'Afrique. Le Nil s'écoule sur 6700 kilomètres vers le nord, avant de se jeter dans la Méditerranée.

Du ruisseau au fleuve

Les ruisseaux se rejoignent pour former des rivières. Plus loin, de petites rivières affluent et se jettent dans la rivière principale. Le cours d'eau, plus large et plus profond, devient alors un fleuve.

Les jeunes rivières

On dit qu'une rivière est jeune lorsqu'elle vient juste de jaillir de la montagne. Chargée de roches et de cailloux, l'eau tourbillonnante creuse des canyons et des gorges.

Les gorges

Une gorge est un canyon aux versants abrupts. La gorge de la Kali Gandaki, dans l'Himalaya, a été creusée par une rivière entre deux montagnes, sur 5,5 kilomètres de profondeur : c'est la gorge la plus profonde du monde.

Le Grand Canyon

Un canyon se forme quand un cours d'eau a usé et creusé la roche dure. Le Grand Canyon est l'un des plus célèbres des États-Unis : le Colorado a ici sculpté une vallée très profonde en se taillant un passage dans la roche.

La vallée profonde du Grand Canyon.

Le saumon bondissant

Depuis la mer, le saumon retourne jusqu'aux jeunes rivières pour y déposer ses œufs. Il doit sans cesse lutter contre le courant. Quand il atteint les rapides, il bondit hors de l'eau afin de remonter les chutes.

Ces saumons tentent de remonter une chute d'eau.

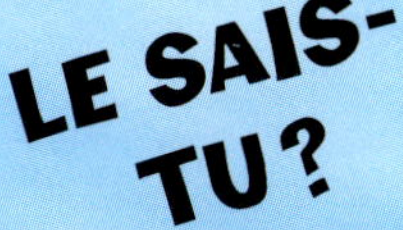

À certains endroits, le Grand Canyon peut atteindre 1,6 kilomètre de profondeur et s'étaler sur 30 kilomètres de largeur.

Les rapides

Lorsque les jeunes rivières tourbillonnent entre les rochers, elles forment des rapides. L'eau blanchie par l'écume coule très vite. Descendre des rapides en canot pneumatique est un sport vivifiant !

Les chutes d'eau

Quand une rivière descend une paroi abrupte, elle crée une chute d'eau. À certains endroits les cascades et les chutes d'eau sont d'une beauté à couper le souffle.

Ce bateau permet aux touristes d'admirer les chutes de près.

Les chutes du Niagara

Ce sont les chutes d'eau les plus célèbres d'Amérique du Nord. Elles sont situées à la frontière entre les États-Unis et le Canada. Incurvées en fer à cheval, les chutes font environ 50 mètres de hauteur.

Comment se forme une chute d'eau ?

Une chute d'eau se forme lorsqu'un cours d'eau passe d'une roche dure à une roche tendre. La roche tendre s'use plus vite et forme un rebord. L'eau qui dégringole du rebord creuse un bassin en contrebas.

Roche dure

Roche tendre

Bassin creusé par la force de l'eau

Salto Angel

Les chutes de Salto Angel, au Venezuela (Amérique du Sud), sont les plus hautes du monde. À cet endroit, le rio Kerep plonge d'une falaise abrupte de 970 mètres de haut.

LE SAIS-TU ?

Salto Angel porte le nom d'un pilote américain, Jimmy Angel, qui a repéré les chutes depuis son avion en 1933.

Les cascades d'Iguaçu

Les chutes d'Iguaçu sont de magnifiques cascades en Amérique du Sud (Brésil). Elles font 4 kilomètres de large et près de 100 mètres de hauteur. Des oiseaux, les martinets, nichent sur la paroi rocheuse derrière les chutes. Ils doivent traverser l'eau pour atteindre leur nid.

Dans la vallée

Au milieu et à la fin de son parcours, une rivière laisse derrière elle les collines pour traverser une vallée plus ou moins large.

Un sol fertile

Une rivière transporte de la boue et du gravier. Après de fortes pluies, il arrive que la rivière déborde et répande une eau boueuse sur les terres environnantes : la plaine d'inondation. Les cultures poussent bien sur le sol fertile de cette plaine.

Un large cours d'eau et sa plaine d'inondation au Colorado (États-Unis).

La faune et la flore

Différentes espèces de plantes et d'animaux vivent dans et au bord de la rivière, à toutes les étapes de son parcours. Des hérons comme celui-ci pêchent des poissons et des grenouilles sur la rive des eaux paisibles.

Les méandres d'un cours d'eau.

LE SAIS-TU ? L'eau d'une rivière est colorée par la boue qu'elle transporte. Les couleurs varient du blanc au noir en passant par le vert, le bleu et le brun, et même parfois le rose et le jaune.

Tours et détours

Les rivières dessinent des courbes (ou méandres) à travers la vallée. L'eau coule plus vite à l'extérieur des courbes, où elle tend à éroder la rive. La boue, ou vase, s'accumule à l'intérieur de la courbe, où le courant est plus lent. Au fil du temps, les courbes deviennent de plus en plus prononcées.

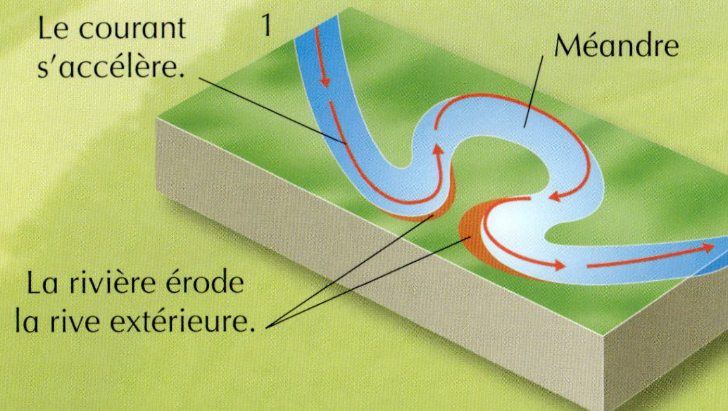

2

La rivière coupe tout droit sans passer par le méandre.

Un bras mort se forme.

Le bras mort

Au fil des années, les boucles s'accentuent, jusqu'au jour où la rivière coupe tout droit sans passer par le méandre. La partie abandonnée devient un petit lac : le bras mort.

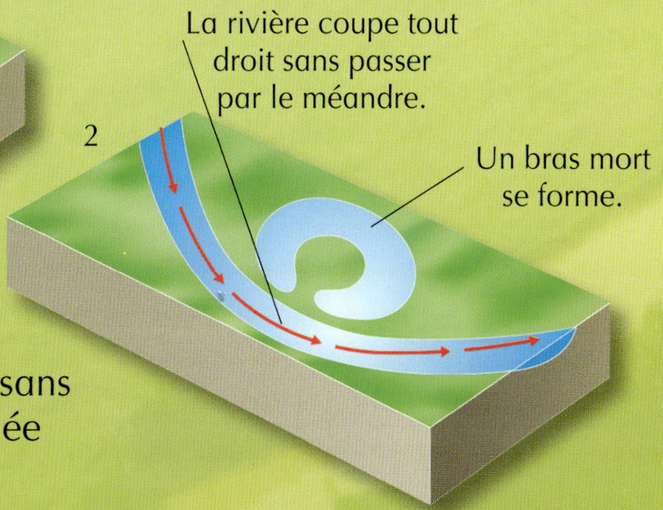

Les lacs

Les lacs sont des cuvettes remplies d'eau de rivière ou de glace fondue. Certaines cuvettes ont été sculptées par les glaciers. D'autres ont été créées par les mouvements de la croûte terrestre.

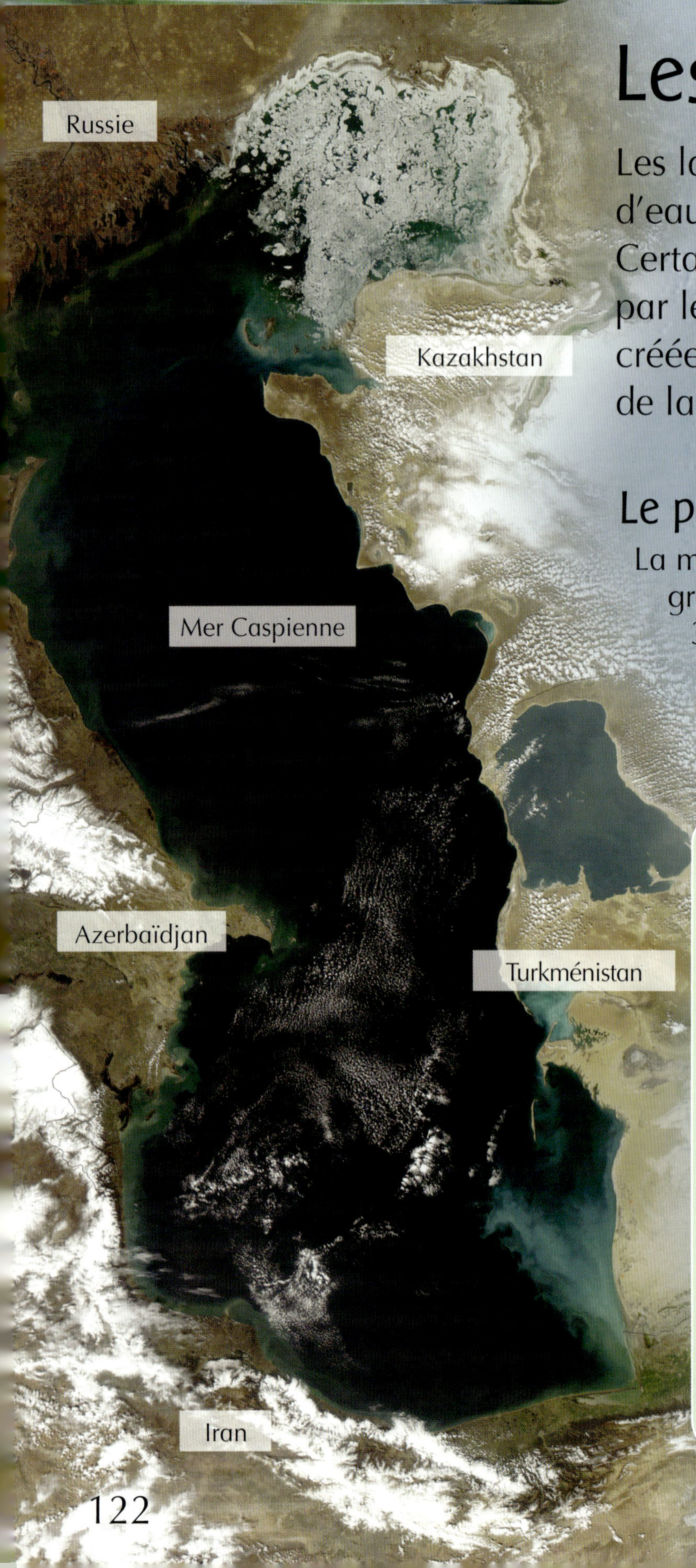

Russie

Kazakhstan

Mer Caspienne

Azerbaïdjan

Turkménistan

Iran

Le plus grand

La mer Caspienne, à gauche, est le plus grand lac du monde. Il couvre 371 000 kilomètres carrés à l'ouest de l'Asie. Comme ce lac contient de l'eau salée, on parle de « mer intérieure ».

Le plus profond

Avec 1 620 mètres de profondeur, le lac Baïkal, en Russie, est le plus profond du monde. Il abrite la seule espèce de phoque vivant en eau douce : le phoque de Sibérie.

Le plus élevé

Le lac Titicaca au Pérou (Amérique du Sud) est le lac navigable le plus élevé au monde. Il se trouve dans la cordillère des Andes, à 3 812 mètres d'altitude. Les habitants de la région utilisent des bateaux comme celui-ci, faits de fagots de roseaux.

LE SAIS-TU ? Le plus grand lac d'eau douce du monde est le lac Supérieur, en Amérique du Nord. Il couvre 82 700 kilomètres carrés.

Les lacs de cratère

Certains lacs se forment lorsque l'eau remplit le cratère d'un ancien volcan. Le Crater Lake (ci-dessous), dans l'Oregon, fait 597 mètres de profondeur. C'est le lac le plus profond des États-Unis.

Ces flamants roses cherchent de quoi se nourrir dans un estuaire.

Rejoindre la mer

L'endroit où un cours d'eau rejoint la mer est l'embouchure. Tandis que le courant ralentit, le cours d'eau dépose sa charge de sable et de vase pour former des estuaires et des deltas.

Le delta

Un delta se forme lorsqu'un cours d'eau dépose de la vase et du sable à l'embouchure. Il peut être triangulaire ou en forme de patte d'oiseau. En le traversant, le cours d'eau se divise en petits canaux.

Le delta du Mississippi, aux États-Unis, a la forme d'une patte d'oiseau.

L'estuaire

L'estuaire est l'extrémité d'un cours d'eau, l'endroit où l'eau douce se mélange à l'eau salée de la mer. Les vers et les escargots qui vivent enfouis dans la vase fournissent de la nourriture aux oiseaux.

Le delta du Nil

Le Nil se termine par un immense delta en éventail. La vase déposée par le cours d'eau a créé un triangle de terre fertile. Les champs, en vert, sont encadrés par le désert, en jaune.

LE SAIS-TU ?

Le delta le plus grand du monde est celui du Gange, en Inde. Il couvre 75 000 kilomètres carrés et s'étale sur 350 kilomètres de côtes.

Le crocodile du Nil

Autrefois, le delta du Nil abritait le crocodile du même nom. Aujourd'hui, des exploitations agricoles ont recouvert le delta, si bien que ces bêtes féroces ont presque disparu. On en rencontre encore ailleurs en Afrique, dans certains cours d'eau, estuaires et deltas.

Majestueuse Amazone

Le fleuve Amazone, en Amérique du Sud, est moins long que le Nil, mais il contient beaucoup plus d'eau. Il prend sa source dans la cordillère des Andes et traverse la forêt tropicale amazonienne avant de se jeter dans l'océan.

À retenir

- L'Amazone parcourt 6 450 kilomètres. Le fleuve et ses affluents couvrent plus de 7 millions de kilomètres carrés – plus d'un tiers de l'Amérique du Sud.
- L'Amazone déverse dans l'Atlantique 150 000 mètres cubes d'eau par seconde. C'est assez pour remplir 75 piscines olympiques.

Le bassin fluvial

L'ensemble d'une région traversée par un cours d'eau et ses affluents est son bassin fluvial. L'Amazone contient une étendue d'eau égale à dix fois la surface de la France.

Le delta de l'Amazone

Dans son delta, l'Amazone parcourt 300 kilomètres avant de se jeter dans l'océan Atlantique. Le fleuve est si large qu'il ressemble à la mer. Cette photographie montre les îles baignées d'eau du delta de l'Amazone.

LE SAIS-TU ?

L'Amazone abrite l'un des plus grands poissons d'eau douce du monde, l'arapaïma, qui peut atteindre 3 mètres de long.

La forêt inondée

Pendant la saison des pluies, l'Amazone déborde et inonde la forêt environnante. Ce canoë glisse sur ce qui est d'ordinaire la rive du fleuve. Les inondations durent jusqu'à 6 mois de l'année.

Petit mais féroce

Les piranhas sont de petits poissons vivant dans le fleuve. Avec leurs dents coupantes comme des rasoirs, ils s'attaquent aux poissons blessés et aux animaux qui tombent dans l'eau.

Quand un piranha perd une dent, sa denture se renouvelle entièrement.

Les rivières souterraines

L'eau coule aussi bien sous terre qu'en surface. Lorsqu'elle s'engouffre sous terre, elle est capable de creuser certains types de roches et de créer des grottes profondes et sombres.

Gaping Hill, un entonnoir situé en Angleterre, fait 105 mètres de profondeur.

La formation des grottes

L'eau ronge facilement le calcaire qui est une roche tendre. Au fil du temps, elle crée des trous profonds – des entonnoirs – et s'engouffre sous terre. L'eau grignote ensuite la roche souterraine et forme des grottes.

Les grottes calcaires

Dans le calcaire, l'eau creuse d'immenses grottes reliées entre elles par des tunnels souterrains. L'eau de surface s'écoulant par les entonnoirs creuse aussi de profonds bassins. Les formations rocheuses appelées stalactites et stalagmites (*voir p. 130*) se rencontrent souvent dans les grottes.

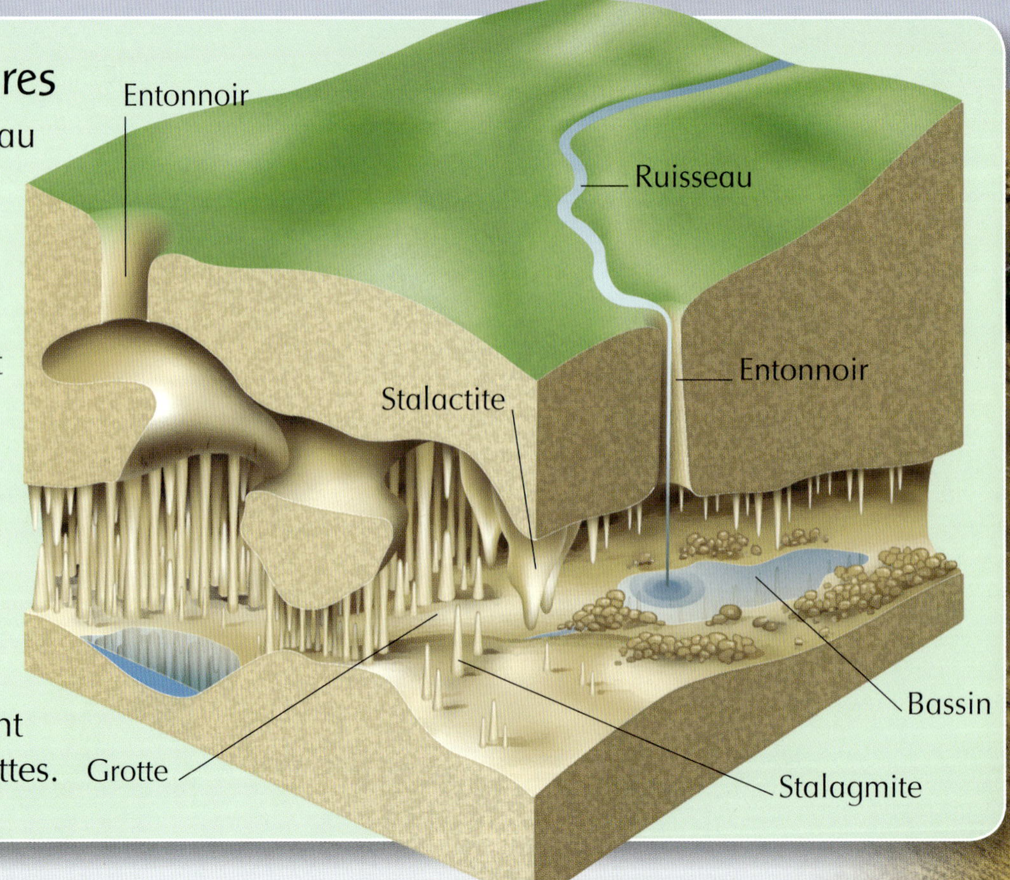

Les puits

Si l'on creuse un trou profond en n'importe quel point du globe, on finit toujours par trouver de l'eau. C'est pourquoi les hommes creusent des puits. Ils y font descendre des seaux pour s'approvisionner en eau.

Les oasis

L'eau ne s'infiltre pas dans n'importe quel type de roche. Quand elle atteint une couche rocheuse qu'elle ne peut traverser, elle s'étale en nappe. Parfois, l'eau remonte vers la surface et une source jaillit. Dans un désert, un tel endroit s'appelle une oasis.

Ce garçon tire l'eau d'un puits en Afghanistan (Asie).

Une oasis en Libye (Afrique).

L'univers des grottes

Certains endroits de la planète cachent un univers souterrain fait de grottes et de tunnels longs de plusieurs kilomètres. L'exploration de ce monde secret s'appelle la spéléologie.

Les stalactites tombent de la voûte.

Les stalagmites montent du sol.

Stalagmites et stalactites

Ce sont des colonnes rocheuses rencontrées dans les grottes. Elles ont été façonnées par le ruissellement de l'eau. L'eau contient un minéral, la calcite, qui s'amoncelle pour former des colonnes.

Les spéléologues

Quand ils explorent ces lieux sombres et humides, les spéléologues portent des vêtements étanches et un casque équipé d'une lumière. Ce spéléologue examine une stalactite.

Les grottes à chauves-souris

Les chauves-souris aiment l'obscurité. Elles dorment dans des grottes le jour et chassent la nuit. Grâce à leurs griffes acérées, elles s'accrochent tête en bas à la paroi des grottes.

Les murs peints

À la préhistoire, certaines tribus vivant dans des grottes peignaient sur les murs les animaux qu'elles chassaient. Découverte en France, cette peinture a plus de 17 000 ans.

LE SAIS-TU ?

Le plus grand réseau connu de grottes et de tunnels est le Mammoth Cave System dans le Kentucky, aux États-Unis. Le réseau court sur 560 kilomètres.

Les bienfaits de la rivière

Les rivières fournissent l'eau qu'on utilise à la maison. Cette eau sert aussi à arroser les cultures, à faire marcher les usines et à fabriquer de l'électricité. C'est pourquoi les populations aiment se regrouper autour des cours d'eau.

Arroser les cultures

L'eau des cours d'eau est essentielle pour les cultures. Ces champs verdoyants au bord du Nil sont arrosés par le fleuve. Sans le Nil, cet endroit serait un désert.

Alimenter les villes

Les villes et les villages anciens se situent souvent près des cours d'eau. Certaines de ces villes sont aujourd'hui des capitales, comme Londres ou Paris. À Londres, les Chambres du Parlement (ci-dessous) se dressent au bord de la Tamise.

Produire de l'électricité

Les centrales hydroélectriques utilisent la force de l'eau pour produire de l'électricité. Le barrage sert à contrôler le courant des cours d'eau. Ci-contre, le barrage de Glen Canyon, aux États-Unis.

Faire tourner les usines

Les usines utilisent souvent l'eau des rivières pour faire tourner les machines. Cette fabrique de papier consomme chaque jour d'énormes quantités d'eau.

LE SAIS-TU ?

Le barrage de Glen Canyon fait 216 mètres de hauteur. Derrière lui s'étend un lac immense, le lac Powell, qui alimente en eau les villes voisines.

Voyages et loisirs

Depuis l'invention des bateaux, les cours d'eau servent au transport des personnes et des marchandises. Mais les rivières et les lacs sont également des lieux de rêve pour les sports et les loisirs.

Le transport fluvial

Des bateaux à aubes comme celui-ci naviguaient déjà sur le Mississippi (États-Unis) au début des années 1800. Ils transportaient des passagers et des marchandises. Ce bateau emmène des touristes en excursion.

Les canaux

Les canaux sont des voies navigables construites par l'homme. Ils servent à relier des cours d'eau, des lacs ou des mers. En Amérique centrale, le canal de Panamá est un passage étroit qui relie les océans Atlantique et Pacifique.

D'énormes cargos transitent par le canal de Panamá.

Franchir les rivières

Il faut construire des ponts pour faire passer les routes et les chemins de fer au-dessus des cours d'eau. Ce pont à péage, situé à Bristol (Angleterre), permet aux véhicules de franchir l'Avon.

Les sports d'eau

Les rivières et les lacs donnent l'occasion de pratiquer de nombreux sports, comme le canoë-kayak, la voile, la pêche et même la planche à voile. Ce garçon pagaie à bord de son kayak.

LE SAIS-TU ?

Le pont le plus long du monde est celui de la baie de Hangzhou. Ouvert à la circulation en 2008, il relie Shanghai à Ningbo (Zhejiang) et mesure 36 kilomètres de long.

Les dangers de la rivière

Les rivières peuvent être dangereuses. Les fortes pluies provoquent parfois l'inondation des routes et des maisons. L'eau polluée des rivières peut aussi intoxiquer des gens et des animaux.

Ces hommes empilent des sacs de sable pour empêcher l'eau du Mississippi d'inonder leurs maisons.

La montée des eaux du Mississippi

En 1993, aux États-Unis, le Mississippi est sorti de son lit. L'inondation a couvert plus de 44 000 kilomètres carrés. Près de 70 000 personnes ont dû quitter leurs maisons.

Les inondations en Chine

Quand le fleuve chinois Yangzi Jiang (ou fleuve Bleu) a débordé en 1998, cette famille s'est échappée par bateau. Malheureusement, plus de 3 000 personnes sont mortes et près de 14 millions sont restées sans abri.

LE SAIS-TU ?

Le Huanghe (ou fleuve Jaune) est surnommé « douleur de la Chine », car il a provoqué de graves inondations dans le pays. En 1938, 90 000 personnes sont mortes quand le fleuve est sorti de son lit.

La pollution de l'eau des rivières

Provoquée par les égouts ou les déchets agricoles et industriels, elle peut devenir toxique pour la population. Aujourd'hui, des lois l'interdisent dans plusieurs pays.

Ce tuyau déverse de l'eau polluée dans une rivière.

Prévenir les inondations

Lors des grandes marées (*voir p. 142-143*), les eaux de la mer menaçaient d'inonder Londres. La Thames Barrier a été construite sur la Tamise afin de protéger la ville. Ses larges portes peuvent se refermer et empêcher l'eau de mer d'envahir le fleuve.

Mers et océans

Les océans forment un vaste univers qu'il nous faut encore plus étudier et explorer. Ce chapitre explique de quelle manière les vagues, les marées et les courants influent sur l'océan et façonnent la terre. Il décrit comment se sont formés les côtes, les îles et les récifs coralliens. Tu découvriras les créatures marines, y compris celles des grands fonds – un monde mystérieux dont nous savons encore peu de chose.

Que d'eau !

Les terres occupent seulement un quart de la surface de la planète. L'espace restant est une immense étendue d'eau que se partagent les mers et les océans.

Des océans salés

L'eau de l'océan est salée parce qu'elle contient des minéraux apportés par les fleuves, dont du sodium et du chlorure. L'association de ces deux minéraux crée du sel.

LE SAIS-TU ? Le Pacifique est le plus grand des océans. Il couvre 166 millions de kilomètres carrés et contient plus de la moitié des eaux océaniques de la planète.

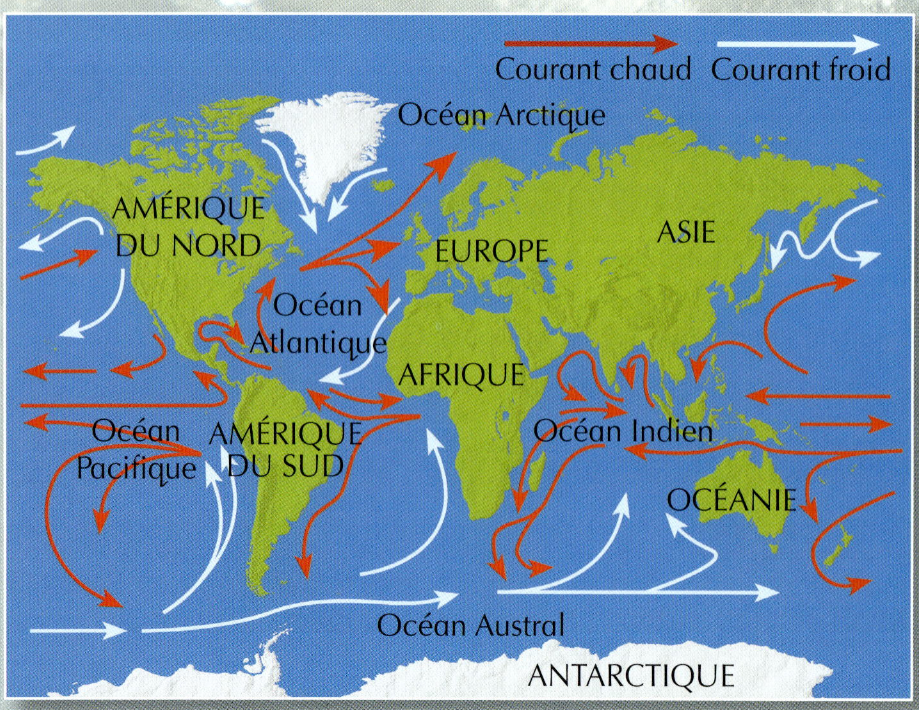

Mer ou océan ?

Les cinq océans sont l'Atlantique, le Pacifique, l'océan Indien, l'Arctique et l'océan Austral. Ils sont reliés par des étendues d'eau plus petites appelées mers. Les courants chauds et froids circulent dans les océans à la façon d'immenses fleuves.

Une eau super salée

La mer Morte (Proche-Orient), est sept fois plus salée que les autres mers. Le sel rend l'eau plus dense : on y flotte sans effort. Mais cette énorme quantité de sel empêche toute vie de s'y développer, d'où le nom de mer Morte.

Les eaux chaudes

Le Gulf Stream est un courant chaud qui adoucit le climat des côtes de l'Europe de l'Ouest. Il prend naissance dans le golfe du Mexique, puis traverse l'océan Atlantique.

Des palmiers poussent sous le climat doux de la côte ouest de l'Irlande.

Vagues et marées

L'eau des mers et des océans est sans cesse en mouvement. Les vagues balayent la surface de l'eau, tandis que la mer monte et redescend sur la côte au gré des marées.

Comment se forment les vagues ?

Les vents qui soufflent sur l'océan créent des rides à la surface de l'eau. Les rides se développent et se transforment en vagues. En pleine mer, les vagues sont par temps calme assez basses, mais elles grandissent en atteignant la côte.

Un mouvement circulaire

Dans une vague, l'eau se déplace en décrivant un cercle. En pleine mer, les cercles se referment sur eux-mêmes. Près du rivage, le fond de la mer empêche les vagues de se refermer : elles s'élèvent alors pour former une crête.

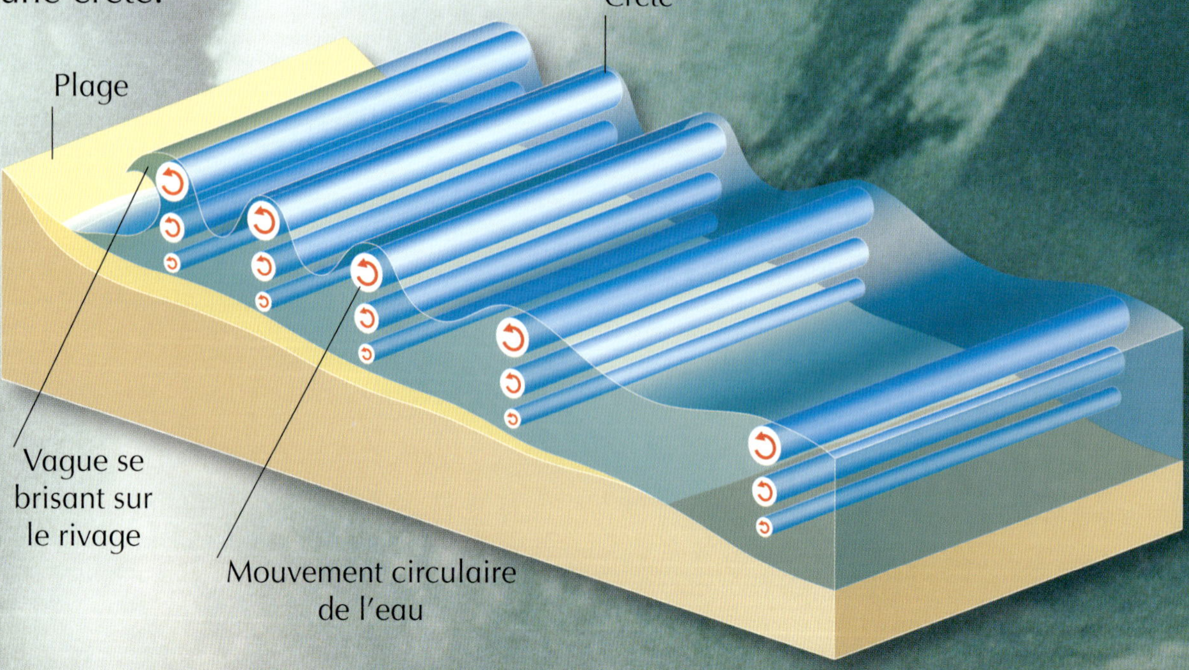

Le rythme des marées

Les marées sont essentiellement dues à l'influence de la gravité de la Lune sur les océans (*voir p. 16-17*). En tournant autour de la Terre, la Lune attire l'eau vers elle. La masse d'eau qui se forme sous la Lune est la marée haute.

Un surfeur glisse sur une énorme vague.

Marées hautes et marées basses

Ces deux photographies montrent un port des Cornouailles, en Angleterre. À marée haute, l'eau remplit le port. À marée basse, le port est à sec, et les bateaux sont échoués sur le sable.

Marée haute

Marée basse

LE SAIS-TU ?

La baie de Fundy, au Canada, connaît des marées très hautes et très basses. Le niveau de l'eau peut ainsi varier de 16 mètres.

Les côtes rocheuses

Sur certaines côtes, des falaises dominent la mer. Ailleurs, le rivage prend la forme d'une large baie de sable, d'un promontoire ou d'une arche rocheuse. Tous ces paysages sont sculptés par le martèlement des vagues.

Les falaises abruptes

Les vagues se brisent sur le rivage chaque minute de chaque jour. L'eau, le sable et les galets frappent les côtes rocheuses en effritant la pierre. Les falaises abruptes sont en fait des montagnes sculptées par l'océan.

Baies et promontoires

Sous l'assaut des vagues, les roches tendres s'usent plus vite que les autres. La mer y creuse des baies profondes. Les roches dures résistent mieux à la force des vagues et forment des promontoires qui dominent la mer.

L'arche rocheuse

Lorsque les vagues attaquent les deux côtés d'un promontoire, deux cavités apparaissent. Avec l'érosion, elles finissent par se rejoindre pour former une arche. Cette arche se situe dans les îles Galápagos, au large de l'Équateur, en Amérique du Sud.

LE SAIS-TU ?

Les vagues martèlent les falaises et les rongent peu à peu. Sur certaines côtes, les terres reculent de plus de 1 mètre par an sous l'effet de l'érosion.

Comment se forme une aiguille ?

Les vagues continuent de s'abattre sur l'arche rocheuse. Avec le temps, le sommet de l'arche s'écroule et laisse une aiguille rocheuse entourée d'eau.

Sur la plage

Il y a des plages couvertes de sable, d'autres de galets. Les gens préfèrent généralement les plages de sable – les animaux aussi !

Comment se forme une plage ?

Les fleuves transportent du sable et des roches jusqu'à la mer. De leur côté, les vagues effritent la paroi rocheuse des falaises. Une baie abritée se forme, s'y déposent le sable et les débris rocheux : une plage apparaît.

Une plage de sable s'est formée dans cette baie des Cornouailles, au Royaume-Uni.

Sable ou galets ?

Le sable est composé de minuscules débris de roches ou de coquilles, broyées par les fleuves et les mers. Les galets des plages sont de petits cailloux arrondis, usés et polis par la force de l'eau.

La faune des plages

Les plages abritent toutes sortes d'animaux. Les crabes, les vers et les coques s'enfouissent dans le sable. Au bord de l'eau, les mouettes se nourrissent de poissons. Des coquillages comme les patelles s'agrippent aux rochers.

Les crabes se servent de leurs grosses pinces pour saisir la nourriture.

LE SAIS-TU ?

Virginia Beach, sur la côte est des États-Unis, est l'une des plages les plus longues du monde. Elle couvre plus de 800 kilomètres carrés de côte.

Le déplacement du sable

Quand les vagues s'abattent de biais sur le rivage, elles déplacent le sable et les galets sur le côté. Les matériaux s'accumulent et forment une bande de terre qui avance dans la mer : une flèche. Les épis sont des barrières construites en travers de la plage afin d'empêcher le déplacement du sable.

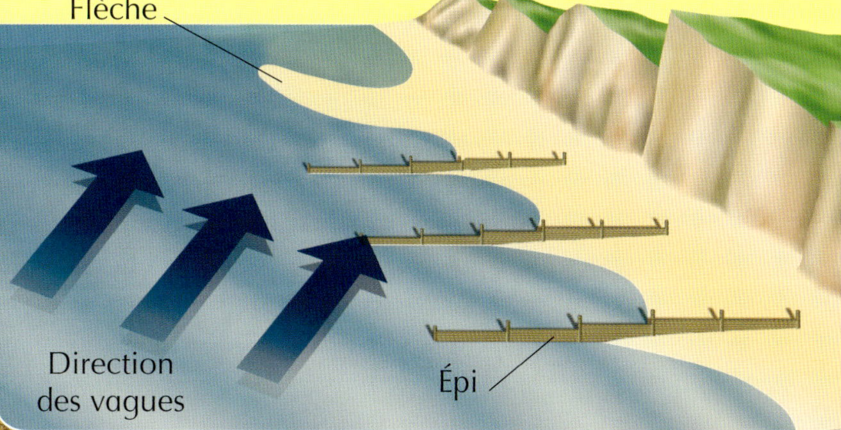

Les îles

Les îles sont des étendues de terre complètement entourées d'eau. Elles sont parfois très grandes, comme la Grande-Bretagne, mais la plupart d'entre elles sont plutôt petites. Il y a des îles dans la mer, mais aussi sur les rivières et les lacs.

Près du continent

Certaines îles se trouvent à proximité de vastes étendues de terre : les continents. La Grande-Bretagne est devenue une île quand le niveau de la mer s'est élevé il y a des milliers d'années.

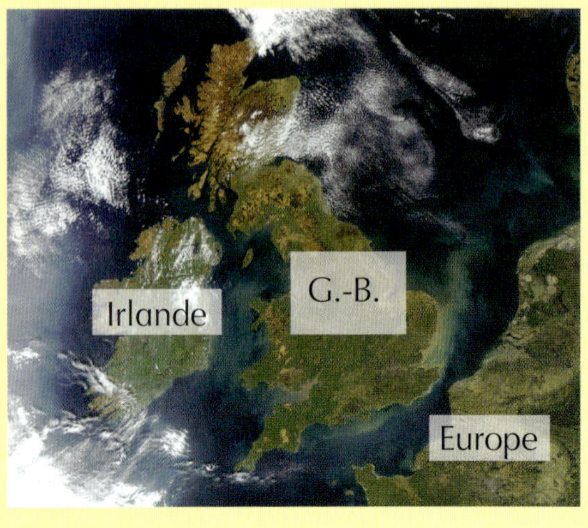

Les îles volcaniques

En pleine mer, les îles sont souvent des sommets de volcans sous-marins. Quand le volcan entre en éruption au fond de la mer, la lave s'accumule pour former une montagne. La montagne finit par dépasser de la surface de l'eau et devient une île.

Une île volcanique en Alaska (États-Unis).

LE SAIS-TU ?

Le Groenland est l'île la plus vaste du monde. Elle couvre 2,2 millions de kilomètres carrés. Certaines petites îles font à peine quelques mètres de large.

Les îles coralliennes

Cette île est constituée d'un matériau dur appelé corail (*voir p. 150-151*). Il arrive qu'un anneau de corail se forme autour d'une île volcanique. Parfois, l'île s'effondre avec le mouvement de la croûte océanique, ne laissant que le corail.

Les animaux des îles

Les îles lointaines abritent des animaux qu'on ne trouve nulle part ailleurs. La tortue géante, par exemple, vit dans les îles Galápagos, en Amérique du Sud.

La Grande Barrière de corail

Les récifs coralliens se forment dans les mers chaudes et peu profondes. Ils ne sont pas constitués de roches, mais de petites créatures appelées polypes. La Grande Barrière de corail, au large de l'Australie, est le plus grand récif corallien du monde.

Un milieu vivant

Les récifs coralliens sont des crêtes dures situées juste au-dessous de la surface de la mer. Ils abritent d'innombrables créatures marines, des poissons aux couleurs vives, des crevettes et des étoiles de mer. Des tortues et des requins nagent à proximité.

À retenir

- La Grande Barrière de corail est constituée de plus de 2 500 petits récifs. Elle s'étire sur 2 000 kilomètres. Elle est si large qu'on la voit de l'espace.
- Plus de 1 500 espèces de poissons vivent sur la Grande Barrière de corail.

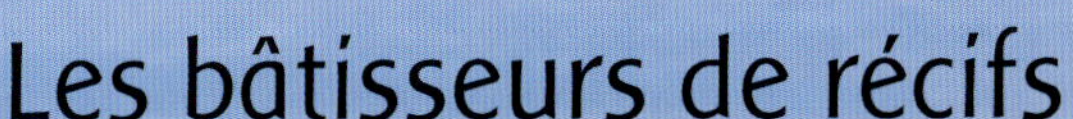

Les bâtisseurs de récifs

Un polype corallien possède un squelette crayeux et des tentacules. Quand un polype meurt, son squelette reste sur place. Des millions de squelettes s'entassent les uns sur les autres pour former le récif de corail.

Tentacules d'un polype

Ça pique !

Des anémones de mer vivent sur le récif. La piqûre de cet animal tue la plupart des poissons, sauf le poisson-clown dont le corps est enduit d'une substance particulière.

LE SAIS-TU ?

Le corail ne pousse que de quelques centimètres par an. Il faut des millions d'années pour qu'un grand récif se forme.

Ces terribles requins

Des requins rôdent dans les eaux claires du récif. Ces grands poissons ont un odorat très développé. Quand ils flairent le sang d'un animal blessé, ils nagent droit sur lui pour le tuer.

Lorsqu'un requin nage près de la surface, sa nageoire antérieure pointue dépasse de l'eau.

La haute mer

En haute mer, l'eau s'étend à perte de vue et sur plusieurs kilomètres de profondeur. L'océan se compose de plusieurs couches, abritant chacune des créatures habituées à une certaine profondeur.

Les couches océaniques

Les eaux de surface sont éclairées par les rayons du Soleil. C'est là que vivent les méduses et les maquereaux. Les cachalots et les calmars géants préfèrent nager à mi-profondeur. Les grandgousiers et les baudroies vivent dans l'obscurité des grands fonds.

Le plancton

Des plantes et des animaux microscopiques vivant à la surface de l'océan forment ce qu'on appelle le plancton. Des animaux beaucoup plus grands, comme les baleines, s'en nourrissent.

À la surface

Le marlin, un poisson grand et puissant, chasse les bancs de maquereaux à la surface de l'eau. Il attrape les petits poissons grâce à son long museau pointu.

Dans les profondeurs

Les cachalots rejoignent la surface pour respirer. Ensuite, ils plongent à une profondeur de 1 000 mètres pour chasser le calmar géant. Les combats entre cachalots et calmars géants sont souvent très violents.

Le marlin peut atteindre la vitesse de 80 kilomètres à l'heure.

LE SAIS-TU ?

L'endroit le plus profond est dans l'océan Pacifique : la fosse des Mariannes est à 11 034 mètres sous la surface. En 1961, deux scientifiques ont atteint cette profondeur en sous-marin.

Le fond de la mer

De nombreuses créatures vivent sur les fonds marins. Les étoiles de mer et les poissons plats aiment les eaux peu profondes. D'autres se cachent dans les grands fonds où se forment des montagnes, des falaises et des volcans, comme sur la terre ferme.

Les poissons plats

Ils nagent sur le fond. Le corps moucheté de la plie se confond avec le sable. Ce poisson change de couleur dès qu'il passe sur des rochers ou des algues : il devient alors invisible pour ses ennemis.

Le plancher océanique

De longues chaînes de montagne occupent le cœur des océans. De chaque côté, les plaines sont parfois ponctuées de volcans ou entrecoupées de fosses profondes. Le fond de la mer remonte vers un large rebord qui rejoint la terre ferme.

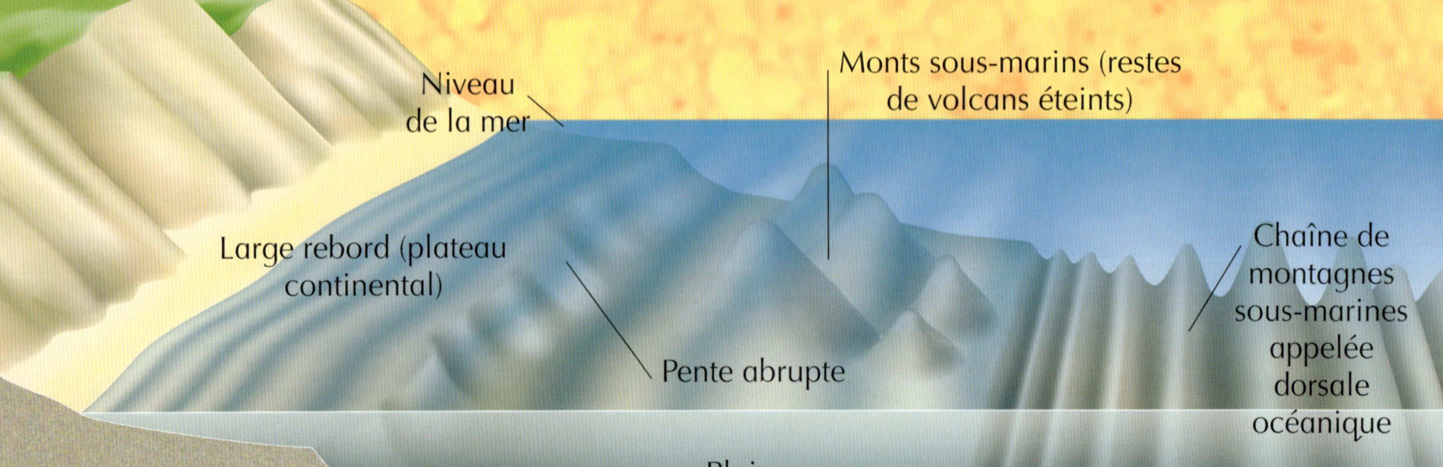

LE SAIS-TU ?

La chaîne de montagnes la plus longue de la planète est la dorsale médio-atlantique. Cette succession de montagnes sous-marines s'étire sur plus de 11 000 kilomètres de long.

L'étoile de mer

Elle rampe sur le fond. La plupart des étoiles de mer ont cinq bras, mais certaines d'entre elles peuvent en avoir jusqu'à vingt. Si l'un des bras est arraché par un prédateur, il repousse !

La carte des fonds marins

Pour la dresser, les scientifiques utilisent le système du sonar. Il dirige des ondes sonores vers le fond et enregistre les échos reçus en retour. Le temps de réponse des échos indique la profondeur de l'océan.

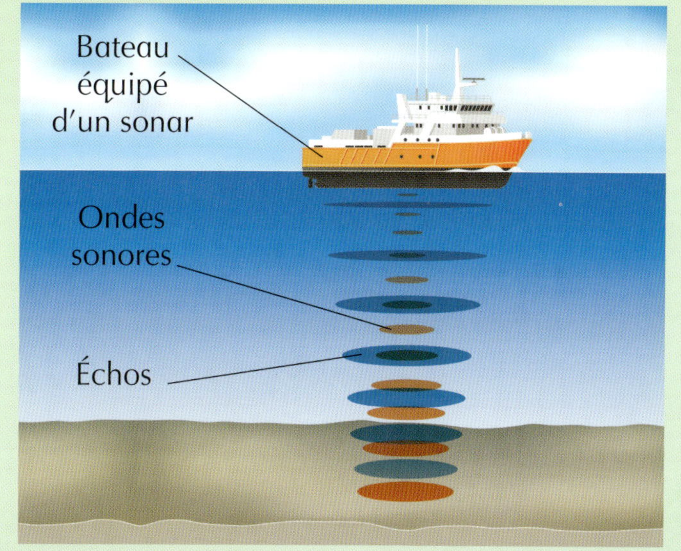

Plaine

Pente abrupte

Fosse profonde

Les grands fonds

Très difficiles à atteindre, les grands fonds sont les derniers espaces inexplorés de la planète. Seuls de rares sous-marins peuvent descendre aussi bas.

Les fumeurs noirs

En 1977, des scientifiques explorant une dorsale océanique ont fait une découverte étonnante. Ils ont trouvé des cheminées crachant des nuages d'eau noire et bouillante. Ces volcans sous-marins sont les fumeurs noirs.

L'exploration profonde

Ce sous-marin très spécial est capable d'explorer le fond des océans. Il s'appelle *Alvin* et peut transporter 3 personnes. Les deux bras servent à prélever des échantillons.

Les poissons des grands fonds

Ils vivent dans une eau froide et obscure. La plupart d'entre eux ont une bouche énorme et un estomac extensible, de manière à avaler tout ce qu'ils trouvent. Certains peuvent ingurgiter des proies deux fois plus grosses qu'eux !

Autour des fumeurs noirs

D'étranges créatures vivent autour des fumeurs noirs : des crabes aveugles, des crevettes sans yeux et de longs vers plumeux. L'eau, chaude et riche en minéraux, offre à ces animaux d'excellentes conditions de vie.

LE SAIS-TU ?

Les poissons des grands fonds sont capables de supporter la pression énorme du poids de l'eau. Mais si on les fait remonter à la surface, ils risquent d'éclater !

Un crabe se promène près d'un fumeur noir.

Les mers glacées

Les mers des régions polaires sont couvertes de glace la plus grande partie de l'année. D'immenses icebergs voisinent avec d'énormes barrières de glace. Quand la mer gèle en surface, un autre type de glace se forme : la banquise.

Les barrières de glace

Aux pôles, ces barrières bordent la terre ferme. Elles se forment à l'endroit où les glaciers rejoignent l'océan. Puis la glace se rompt et flotte sur l'eau.

L'épais plumage du manchot le protège du froid.

Les manchots

Les manchots vivent sur les côtes de l'Antarctique. Maladroits quand ils se déplacent sur terre, ce sont d'excellents nageurs. Ils plongent dans l'eau glacée pour attraper des poissons. Incapables de voler, ils utilisent leurs ailes pour nager sous l'eau.

Les icebergs

Un iceberg se forme lorsqu'un grand morceau se détache d'une barrière de glace ou d'un glacier. Il représente un danger pour les bateaux. Seule une petite partie de l'iceberg dépasse de la surface. Le reste est sous l'eau.

LE SAIS-TU ?

Le plus gros iceberg qui ait été vu avait une surface égale à celle de la Belgique ! Certains icebergs peuvent mesurer 150 mètres de haut.

Le naufrage du *Titanic*

En 1912, un luxueux paquebot nommé le *Titanic,* heurte un iceberg dans l'océan Atlantique nord. Le bateau coule en 4 heures, et près de 1 500 personnes se noient. Ses constructeurs le prétendaient insubmersible !

Les trésors de l'océan

L'océan est une formidable source de richesses. En plus des poissons et des crustacés, on y trouve de précieux minéraux, comme le pétrole ou le gaz. Le plus difficile est d'aller les chercher !

Les bateaux de pêche

Les pêcheurs posent des filets et des pièges pour attraper poissons et crustacés. Ils utilisent des filets différents pour les poissons de surface et les poissons de fond. Les bateaux de pêche modernes capturent de telles quantités que certaines espèces se sont raréfiées.

Les perles

Les perles sont des pierres précieuses fabriquées par des huîtres. Lorsqu'un grain de sable se faufile dans la coquille d'une huître, une bille dure et brillante – une perle – se développe autour de ce grain. La récolte des perles en eaux profondes peut être dangereuse.

Un plongeur ramasse des paniers d'huîtres en Thaïlande.

Pétrole et gaz

On utilise des plateformes de forage pour extraire le pétrole et le gaz dans les eaux peu profondes. Certaines sont construites sur pilotis. D'autres flottent, ancrées au fond de la mer. Des techniciens percent le fond pour atteindre la nappe. Ensuite, ils pompent le pétrole ou le gaz vers la surface.

Le sel

On extrait le sel des océans en remplissant des bassins peu profonds d'eau de mer. L'eau s'évapore au soleil et laisse un dépôt de sel.

Ici, le sel ratissé a été mis en tas.

LE SAIS-TU ?

Beaucoup de bateaux de pêche modernes ont des congélateurs à bord. Le poisson est congelé juste après sa capture pour conserver sa fraîcheur. Ainsi, les bateaux peuvent rester en mer plus longtemps.

Le kraken

Le kraken est un monstre marin de légende. Il était réputé saisir les bateaux dans ses tentacules et les entraîner au fond de la mer. Les scientifiques pensent que le kraken était en réalité une sorte de calmar géant.

Les mystères de l'océan

Le monde sous-marin cache des mystères, mais aussi des dangers. Il engendrait autrefois des peurs comme en témoignent les histoires de monstres marins. Aujourd'hui, nous en savons bien davantage sur les océans. Pourtant, certains mystères demeurent.

Les récifs rocheux

Les rochers et les bancs de sable peuvent être très dangereux pour les bateaux, surtout par temps de brouillard ou d'orage. Les phares avertissent les bateaux quand ils s'approchent des rochers. Autrefois, des gardiens s'occupaient du fonctionnement des phares. De nos jours, tout est contrôlé par des appareils.

LE SAIS-TU ?

En 1872, un bateau appelé *Mary Celeste* est retrouvé alors qu'il dérive dans l'océan Atlantique. L'équipage et les passagers ont disparu. Personne n'a jamais résolu cette énigme.

Le mythe de la sirène

Autrefois, des marins affirmaient avoir vu des sirènes. Tous décrivaient une femme avec une queue de poisson. D'après les scientifiques, ils avaient dû confondre avec le dugong, un animal marin ressemblant à un phoque.

Cette statue de sirène se trouve dans le port de Copenhague, au Danemark.

La chasse aux trésors

On trouve aussi des épaves de bateaux au fond de la mer. Certains bateaux ont coulé avec leur cargaison d'or, d'argent et de bijoux. Les plongeurs qui fouillent ces épaves remontent parfois des trésors à la surface.

Le temps et l'air

Le temps dépend de la chaleur du Soleil et de la circulation de l'air. Ces conditions variables provoquent des changements climatiques permanents. Un ciel bleu peut être balayé par des bourrasques de vent, qui se transforment à leur tour en orages. Ce chapitre t'aidera à comprendre la formation des nuages, les causes de la pluie, la manière dont les animaux et les hommes s'adaptent aux climats et enfin comment les spécialistes prédisent le temps.

L'atmosphère

La Terre est enveloppée de gaz protecteurs qui constituent l'atmosphère. C'est grâce à l'atmosphère qu'il est possible de vivre sur la Terre. Le temps qu'il fait se détermine dans la couche basse.

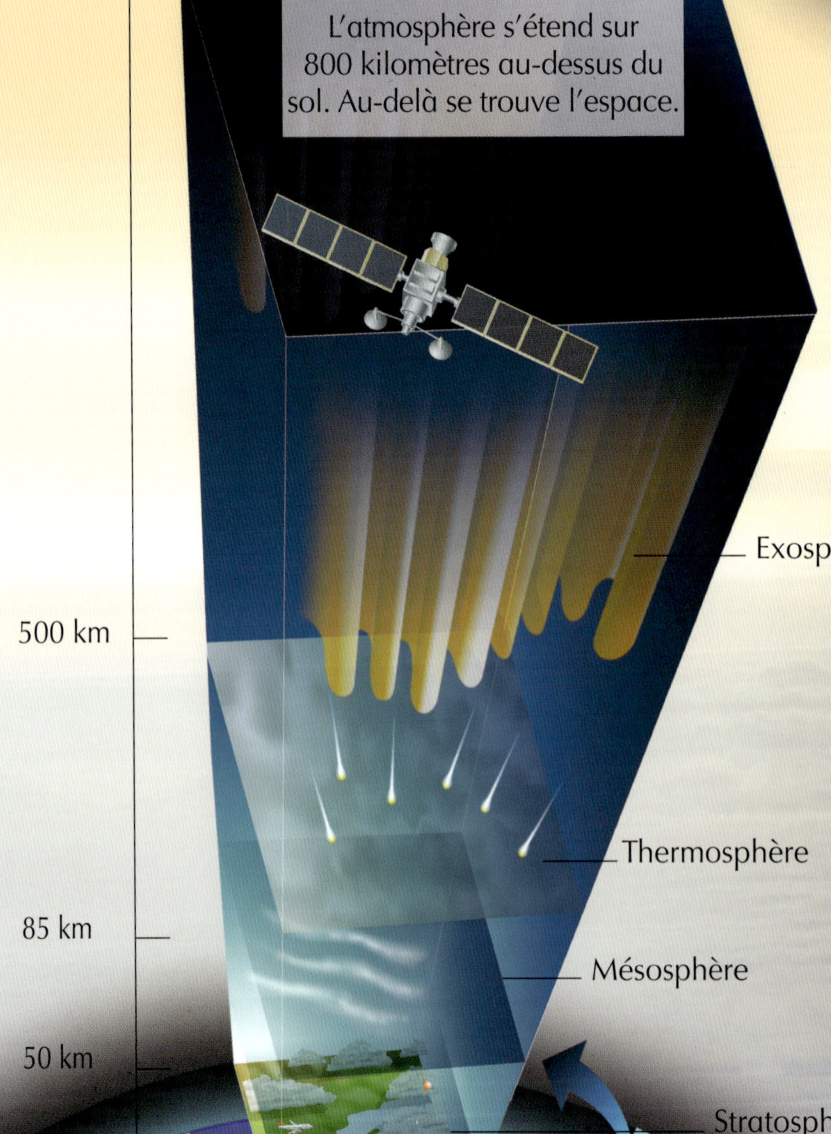

L'enveloppe gazeuse

Les principaux gaz de l'atmosphère sont l'oxygène, indispensable à la vie, et l'azote. D'autres gaz présents en petites quantités retiennent la chaleur du Soleil et filtrent les rayons nocifs. La gravité de la Terre maintient l'atmosphère en place.

Les couches de l'atmosphère

L'atmosphère est constituée de cinq couches empilées les unes sur les autres. La plus basse d'entre elles, la troposphère, contient 75 % des gaz de l'atmosphère. L'air devient de plus en plus léger et rare à mesure qu'on se dirige vers l'exosphère et l'espace.

La densité de l'air

Plus on monte en altitude, moins il y a d'oxygène. Les alpinistes utilisent des bouteilles d'oxygène afin de mieux respirer quand l'air devient moins dense. Sur les hauts sommets, l'air contient seulement un tiers des gaz présents au niveau de la mer.

Au-dessus des nuages

Les nuages se forment dans la couche basse de l'atmosphère. Les avions peuvent s'élever jusqu'à la couche suivante, la stratosphère, pour passer au-dessus des nuages et éviter les orages.

La couverture nuageuse vue du dessus.

LE SAIS-TU ?

L'atmosphère terrestre contribue à nous protéger des météorites (roches tombées de l'espace). En général, ces roches s'enflamment en entrant dans l'atmosphère et deviennent des étoiles filantes.

L'air

L'air de l'atmosphère contient un mélange de gaz. Le recyclage permanent de ces gaz est étroitement lié au monde vivant des plantes, des animaux et des êtres humains.

De quoi l'air est-il fait ?

Ce ballon montre les proportions de gaz contenues dans l'air. Il y a presque quatre fois plus d'azote que d'oxygène. Parmi les autres gaz, on trouve du dioxyde de carbone et de la vapeur d'eau.

La respiration des plantes

Les arbres et les plantes utilisent du dioxyde de carbone, de l'eau et la lumière du Soleil pour se développer. En échange, ils rejettent de l'oxygène : ce processus est la photosynthèse. L'azote du sol contribue aussi à nourrir les plantes.

LE SAIS-TU ?

L'équilibre des gaz dans l'atmosphère n'a pas changé depuis 1 milliard d'années. Modifier cet équilibre constituerait un grave danger pour notre planète.

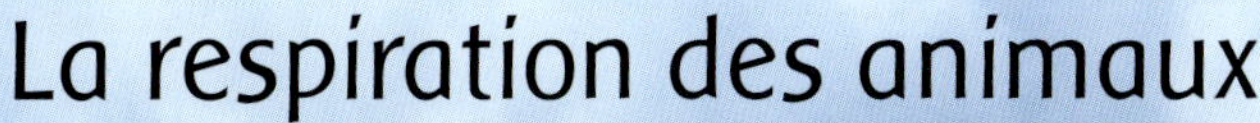

La respiration des animaux

Les êtres vivants ont besoin d'oxygène pour vivre. Quand nous inspirons, l'oxygène entre dans nos poumons, puis il passe dans le sang. Le sang circule dans l'ensemble du corps et fournit l'oxygène nécessaire à la vie et à la croissance. Quand nous expirons, nous rejetons du dioxyde de carbone.

Tout comme nous, les chevaux inspirent de l'oxygène et expirent du dioxyde de carbone.

Et sous l'eau ?

Les poissons ont eux aussi besoin d'oxygène pour vivre. Ils respirent à l'aide d'organes duveteux, les branchies, qui laissent passer l'oxygène de l'eau.

Cette ouïe conduit aux branchies du poisson.

Léger comme l'air

L'air est léger. Pourtant, il pèse sur nous : c'est la pression atmosphérique. Tu ne peux pas vraiment la ressentir, parce que l'air qui est en toi la repousse, mais tu peux voir ses effets.

Planer ou tomber

Si tu lâches une balle d'une main et une plume de l'autre, en même temps, c'est la balle qui touche le sol la première. Les deux objets sont attirés par la gravité, mais l'air freine davantage la plume fine que la balle lisse et ronde.

Les bulles de savon

Quand tu souffles des bulles de savon, c'est l'air chaud de tes poumons qui gonfle les bulles. L'air chaud est plus léger que l'air froid, c'est pourquoi les bulles s'élèvent dans les airs. Elles retombent quand l'air se refroidit à l'intérieur.

La montgolfière

Quand une montgolfière s'élève dans le ciel, c'est parce qu'un brûleur chauffe l'air à l'intérieur du ballon. Le ballon devient plus léger que l'air extérieur, et la montgolfière monte.

L'air chaud monte

Quand le Soleil chauffe une masse d'air, cet air chaud commence à monter. Cela crée un courant vertical d'air chaud : l'ascendance thermique. Les oiseaux se servent des ascendances thermiques pour planer pendant des heures, presque sans battre des ailes.

Avec ses larges ailes, la mouette plane dans les ascendances thermiques.

Sous le ballon, une nacelle transporte des passagers.

LE SAIS-TU ?

Un Deltaplane est une sorte de cerf-volant auquel s'accroche un pilote pour voler dans les airs. Les ascendances thermiques l'aident à s'élever dans le ciel.

Le vent

Le vent, c'est de l'air en mouvement. Il souffle lorsque le Soleil chauffe la surface de la Terre de façon irrégulière. L'air en mouvement fait souvent changer le temps, en apportant des nuages ou de la pluie.

Pourquoi le vent souffle-t-il ?

L'air chaud, plus léger que l'air froid, a tendance à s'élever. L'air froid s'engouffre alors dans l'espace laissé par l'air chaud. Ce mouvement d'air crée du vent.

Le vent doit souffler fort si tu veux faire voler ton cerf-volant.

La vitesse du vent

La force du vent dépend de sa vitesse. Un vent léger fait seulement bruisser les feuilles. Un vent moyen fait flotter les drapeaux. Enfin, un vent très fort peut déraciner des arbres.

L'utilité du vent

Le vent est utile. Par exemple, il fait tourner les ailes des moulins. À leur tour, les ailes font tourner la meule qui écrase le blé pour en faire de la farine. C'est aussi grâce au vent que les bateaux à voile filent sur la mer.

Une aile de moulin en bois.

Les girouettes

Elles servent à indiquer le sens du vent. Dans une région donnée, le vent souffle majoritairement dans une même direction. C'est ce qu'on appelle le vent dominant.

LE SAIS-TU ?

Des moulins à vent modernes, appelés éoliennes, utilisent la force du vent pour fabriquer de l'électricité. Les ailes actionnent des générateurs qui produisent de l'énergie électrique.

Les nuages

Les nuages sont des masses d'humidité flottante. Ils sont constitués de millions de gouttelettes d'eau ou de cristaux de glace. Les nuages se forment quand l'air chaud chargé d'humidité s'élève et refroidit.

En été, on voit souvent des cumulus dans le ciel.

Comme du coton

Si tu regardes le ciel, tu verras des nuages de toutes sortes. Chaque forme de nuage annonce un certain type de temps. Les cumulus, qui sont des nuages blancs et cotonneux, sont en général signe de beau temps.

Des cumulonimbus aux sommets aplatis.

Signe d'orage

Les cumulonimbus sont de gros nuages aplatis au sommet. Si tu aperçois ce genre de nuage, gare au mauvais temps ! Ils apportent souvent de fortes pluies, de la grêle ou des orages (*voir p. 202-203 et 210-211*).

Des filaments légers

Les cirrus se forment très haut dans le ciel. Ils sont faits de cristaux de glace. Le vent leur donne parfois un aspect effilé en forme de queue-de-cheval.

Un ciel chargé d'épais stratus gris.

Un voile épais

Les stratus sont des nuages bas. Parfois, ils couvrent l'ensemble du ciel d'un épais voile gris. Ces nuages peuvent apporter la bruine, la pluie ou la neige.

LE SAIS-TU ?

Les cirrus sont les nuages les plus hauts. Ils se forment en général à une altitude comprise entre 6 et 12 kilomètres. Les cumulonimbus sont très épais : leur sommet peut atteindre 9 kilomètres d'altitude.

Il pleut !

Tôt ou tard, les nuages répandent l'humidité qu'ils contiennent sous forme de pluie, de neige ou de grêle. Ils provoquent des précipitations. Une pluie très fine est une bruine. Une pluie courte et brusque est une averse.

La neige fondue

Dans les nuages très élevés, l'humidité se transforme en glace. De minuscules cristaux de glace s'assemblent et forment des flocons de neige. Parfois, les flocons fondent en tombant et arrivent au sol sous forme de pluie.

Les fortes pluies

À l'intérieur du nuage, les gouttelettes d'eau se rejoignent pour former de grosses gouttes. Quand elles deviennent trop lourdes, elles tombent sur le sol. Les averses de pluie sont parfois violentes.

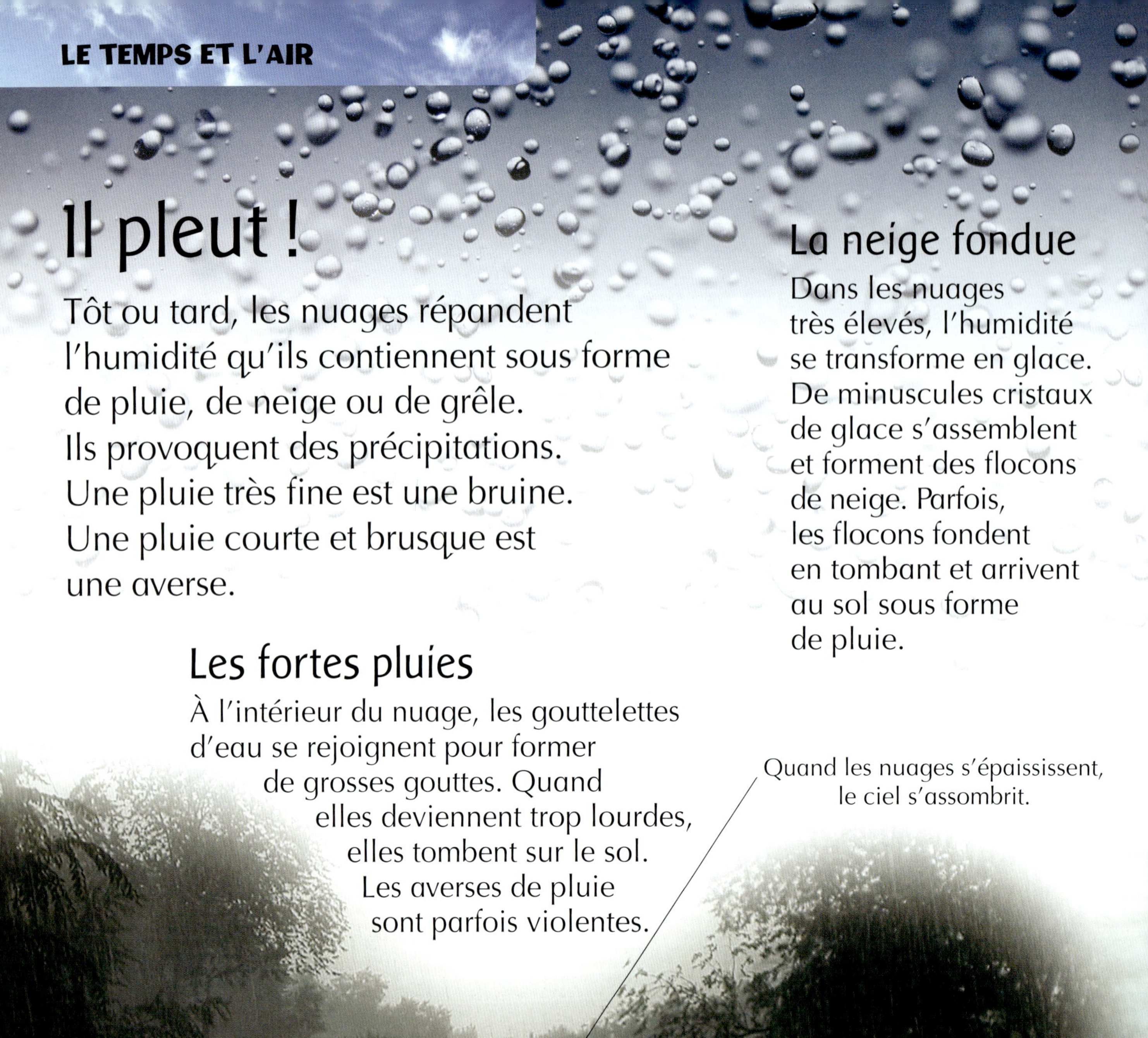

Quand les nuages s'épaississent, le ciel s'assombrit.

LE SAIS-TU ?

Les gouttes de pluie n'ont pas la même forme que les larmes. Elles sont rondes et aplaties comme des petits pains.

L'arc-en-ciel

Quand le soleil réapparaît sous la pluie, un arc-en-ciel se dessine parfois dans le ciel. Les gouttes de pluie réfractent la lumière blanche, c'est-à-dire qu'elles la divisent en plusieurs couleurs : rouge, orange, jaune, vert, bleu, indigo et violet.

Rester au sec

Ton imperméable et tes bottes en caoutchouc te tiennent au sec par temps de pluie. Ils sont fabriqués dans une matière étanche qui ne laisse pas passer l'eau. Avec un parapluie en plus, tu ne crains plus rien !

Le cycle de l'eau

Soleil

L'humidité circule entre la mer, le ciel et la terre dans un cycle sans fin. Dans ce voyage, l'eau passe sans cesse de l'état liquide à l'état solide, et inversement.

2. L'air chaud et humide souffle vers la terre.

Le Soleil comme moteur

Le Soleil actionne le cycle de l'eau en réchauffant l'air. L'air chaud retient davantage l'humidité que l'air froid. Quand l'air chaud et humide se refroidit, des nuages se forment et apportent de la pluie.

1. L'humidité s'élève dans l'air.

5. Les cours d'eau se jettent dans la mer.

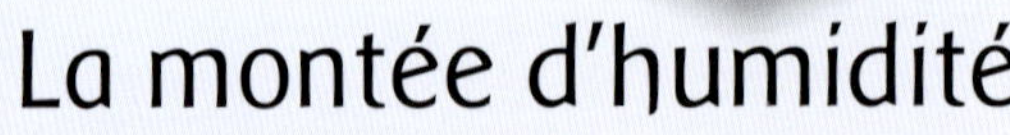

La montée d'humidité

Tandis que le Soleil réchauffe la mer, l'humidité s'élève dans les airs sous la forme d'un gaz : la vapeur d'eau. Ce phénomène est l'évaporation. Les vents soufflent cet air chaud et humide vers la terre.

La formation des nuages

Quand l'air chaud et humide s'élève au-dessus des collines et des montagnes, il refroidit. La vapeur d'eau se transforme en minuscules gouttes d'eau ou cristaux de glace, qui se rassemblent pour créer des nuages. Les nuages apportent la pluie, la neige ou la grêle.

LE SAIS-TU ?

La pluie qui tombe dans ta région est déjà tombée plusieurs fois avant à d'autres endroits. L'eau qui arrose la terre n'est jamais « nouvelle » : elle se recycle naturellement.

L'eau de pluie

Lorsqu'il pleut, une partie de l'eau s'écoule dans les cours d'eau et retourne vers la mer. L'eau de pluie imprègne aussi le sol. Les arbres puisent l'humidité par les racines et la rejettent par les feuilles.

La rosée

Elle apparaît le matin ou le soir, sur des surfaces minces et froides. Tandis que la surface refroidit, l'humidité de l'air se dépose. Quand il fait vraiment froid, la rosée se transforme en givre.

De l'eau apparaît sur les feuilles lorsque la rosée se dépose.

La rosée, la brume et le brouillard

L'humidité de l'air se transforme parfois en gouttelettes d'eau. En soufflant sur une surface froide, par exemple, l'air se rafraîchit brusquement et fait apparaître de la rosée, de la brume ou du brouillard.

La brume

C'est un nuage bas qui touche la surface de la terre. Les montagnes sont souvent plongées dans la brume, car l'air y est plus froid.

Des lamas se promènent dans la brume de la cordillère des Andes (Pérou).

Le brouillard

C'est une brume épaisse qui réduit la visibilité à quelques centaines de mètres. Le brouillard peut être dangereux. Les automobilistes doivent allumer leurs feux de brouillard et redoubler d'attention sur la route.

LE SAIS-TU ?

Le plus souvent, la brume apparaît au sommet des montagnes. Toutefois, dans certains cas, elle peut se former dans la vallée et laisser les cimes montagneuses dégagées.

Le smog

Le smog est une sorte de brouillard sale qui enveloppe parfois les villes. Il apparaît dans l'air pollué par les gaz d'échappement des voitures et la fumée des usines. Les habitants des villes polluées risquent des problèmes respiratoires.

Le désert et la sécheresse

Certaines régions du monde sont plus arrosées que d'autres. Les déserts sont des endroits où il ne pleut presque jamais. Ils se situent souvent au cœur des continents où l'air est très sec.

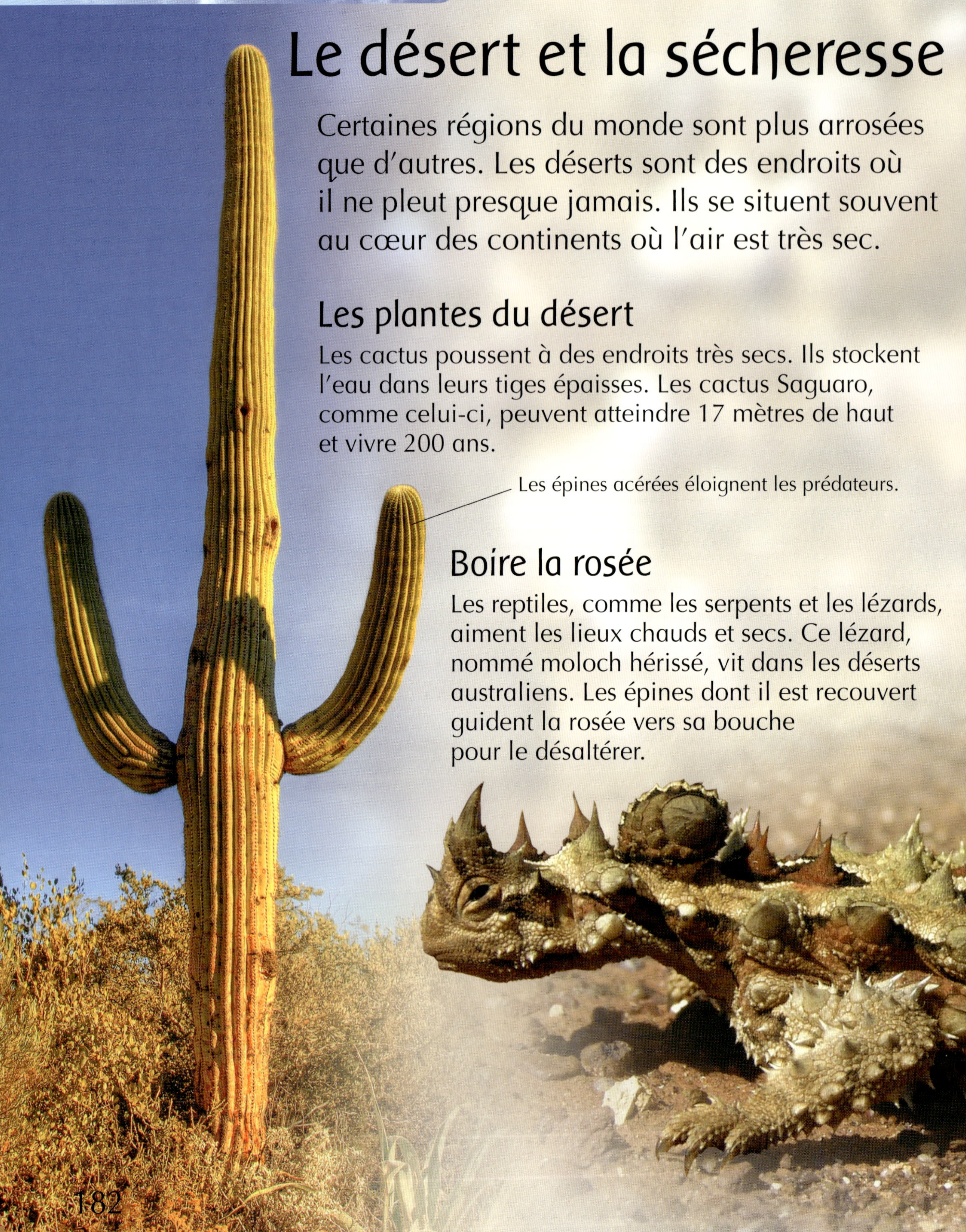

Les plantes du désert

Les cactus poussent à des endroits très secs. Ils stockent l'eau dans leurs tiges épaisses. Les cactus Saguaro, comme celui-ci, peuvent atteindre 17 mètres de haut et vivre 200 ans.

Les épines acérées éloignent les prédateurs.

Boire la rosée

Les reptiles, comme les serpents et les lézards, aiment les lieux chauds et secs. Ce lézard, nommé moloch hérissé, vit dans les déserts australiens. Les épines dont il est recouvert guident la rosée vers sa bouche pour le désaltérer.

Un désert fleuri

Quand la pluie tombe enfin dans le désert, les graines germent et les plantes fleurissent très vite. Pendant quelques jours, le désert se transforme en tapis fleuri. Mais les fleurs se fanent dès que le temps redevient sec.

La sécheresse

Une longue période sans pluie est une période de sécheresse. Certaines régions d'Afrique sont régulièrement touchées par ce phénomène. Les cultures dépérissent et les animaux meurent de soif. La population doit s'installer ailleurs, jusqu'à ce qu'il pleuve.

Les épines protègent aussi le lézard de ses ennemis.

LE SAIS-TU ?

Le désert d'Atacama, au Chili, est l'endroit le plus sec de la planète. La cordillère des Andes bloque l'humidité des vents océaniques, et certains endroits n'ont pas vu de pluie depuis des siècles.

Le Sahara

Le Sahara occupe une grande partie du nord de l'Afrique. C'est le plus grand désert du monde. Les plantes, les animaux et les habitants doivent être des experts en survie pour supporter des conditions aussi rudes.

Le plus grand désert du monde

Cette carte montre la taille du Sahara. Il s'étire de la mer Rouge jusqu'à l'océan Atlantique. En fait, le Sahara s'agrandit à mesure que les exploitations agricoles qui l'entourent sont touchées par la sécheresse.

Les dunes de sable

Environ un cinquième du Sahara est constitué de sable. Le reste est couvert de pierres. En soufflant sur le sable, le vent forme de hautes collines : les dunes. Celles-ci deviennent rouges au coucher du soleil.

À retenir

- Le Sahara couvre près de 9 millions de kilomètres carrés : c'est-à-dire la taille des États-Unis !
- Il y a environ 6 000 ans, le Sahara était beaucoup plus humide. Dans certaines grottes, on a retrouvé des peintures prouvant que des éléphants et des girafes y vivaient autrefois.
- Les dunes les plus hautes du Sahara font 465 mètres.

Les chameaux

Dans le Sahara, les chameaux servent de bêtes de somme. Ils parcourent de longues distances à travers le désert en transportant des marchandises et des gens. Lorsque l'eau devient rare, ces animaux résistants puisent dans les réserves de graisse qui se trouvent sous leurs bosses.

Les larges sabots du chameau l'empêchent de s'enfoncer dans le sable.

LE SAIS-TU ?

Le chameau peut rester plusieurs jours sans boire. Lorsqu'il atteint un point d'eau, il est capable d'avaler 100 litres en quelques minutes ! C'est à peu près autant qu'une baignoire remplie d'eau.

Le peuple du désert

Certains peuples du Sahara sont des nomades. Ils dorment sous des tentes et se déplacent d'un campement à l'autre avec leurs chameaux, toujours en quête de nourriture et d'eau. Aujourd'hui, de nombreux nomades du désert se sont sédentarisés.

S'adapter au temps

Dans le monde entier, chaque population a appris à vivre en fonction du climat de son pays. Une maison et des vêtements adaptés permettent ainsi de se protéger de la canicule, des grands froids ou des fortes pluies.

Le bonnet fourré et l'anorak protègent des vents glacés.

Parés contre le froid

Certaines régions du monde connaissent des hivers rudes, avec de longs mois enneigés et glacials. Les habitants portent des vêtements chauds pour sortir. Les maisons sont douillettes et bien chauffées.

Ces maisons sur pilotis ont des toits pentus où s'écoule la pluie.

À l'abri des inondations

Dans les régions où il pleut beaucoup, les inondations sont fréquentes. Les maisons de certains pays d'Asie sont bâties sur pilotis pour rester au sec en cas d'inondation. Tout le monde se déplace alors dans de petits bateaux.

Les maisons grottes

Dans les déserts et les régions équatoriales, la chaleur peut devenir insupportable. En Afrique et en Asie, certaines maisons sont creusées dans la roche afin de garder un peu de fraîcheur.

L'hibernation

Les animaux ont une façon bien à eux de se protéger du froid. Les mammifères, comme cette marmotte, dorment tout l'hiver : c'est l'hibernation. Le sommeil permet d'économiser de l'énergie quand la nourriture est rare.

Une marmotte en hibernation.

Observer le temps

Le temps joue un grand rôle dans notre quotidien. Il influence notre façon de nous habiller. Selon le temps qu'il fait, nous décidons de sortir ou de rester à l'intérieur. Connaître le temps est important, surtout pour les agriculteurs, les marins et tous ceux qui travaillent à l'extérieur.

Les ballons-sondes envoient des informations par radio.

Le ballon-sonde

Il prend des mesures dans l'atmosphère. Le ballon s'élève très haut parce qu'il est rempli d'un gaz léger : l'hélium. Des avions et des satellites prennent aussi des mesures et guettent les tempêtes.

LE SAIS-TU ?

Les stations météo ne se trouvent pas seulement sur la terre ferme. Il y en a aussi en mer, sur des bouées ou dans l'espace. Les stations météo enregistrent des milliers de données chaque jour.

Les stations météo

Dans le monde entier, des stations météo mesurent les quantités de pluie, la direction et la vitesse du vent, ainsi que la température de l'air (s'il est chaud ou froid). Ces mesures sont saisies sur des ordinateurs qui prévoient le temps qu'il fera.

Les prévisions météo

Les météorologues prévoient le temps du lendemain et des jours suivants. Ils placent des symboles sur des cartes pour décrire la situation : températures, vents, ensoleillement ou pluie.

Tenir un carnet de relevés

Toi aussi, tu peux devenir un spécialiste du temps en tenant un carnet de relevés météo. Note la température et la quantité d'eau de pluie tombée en utilisant un thermomètre et un verre gradué.

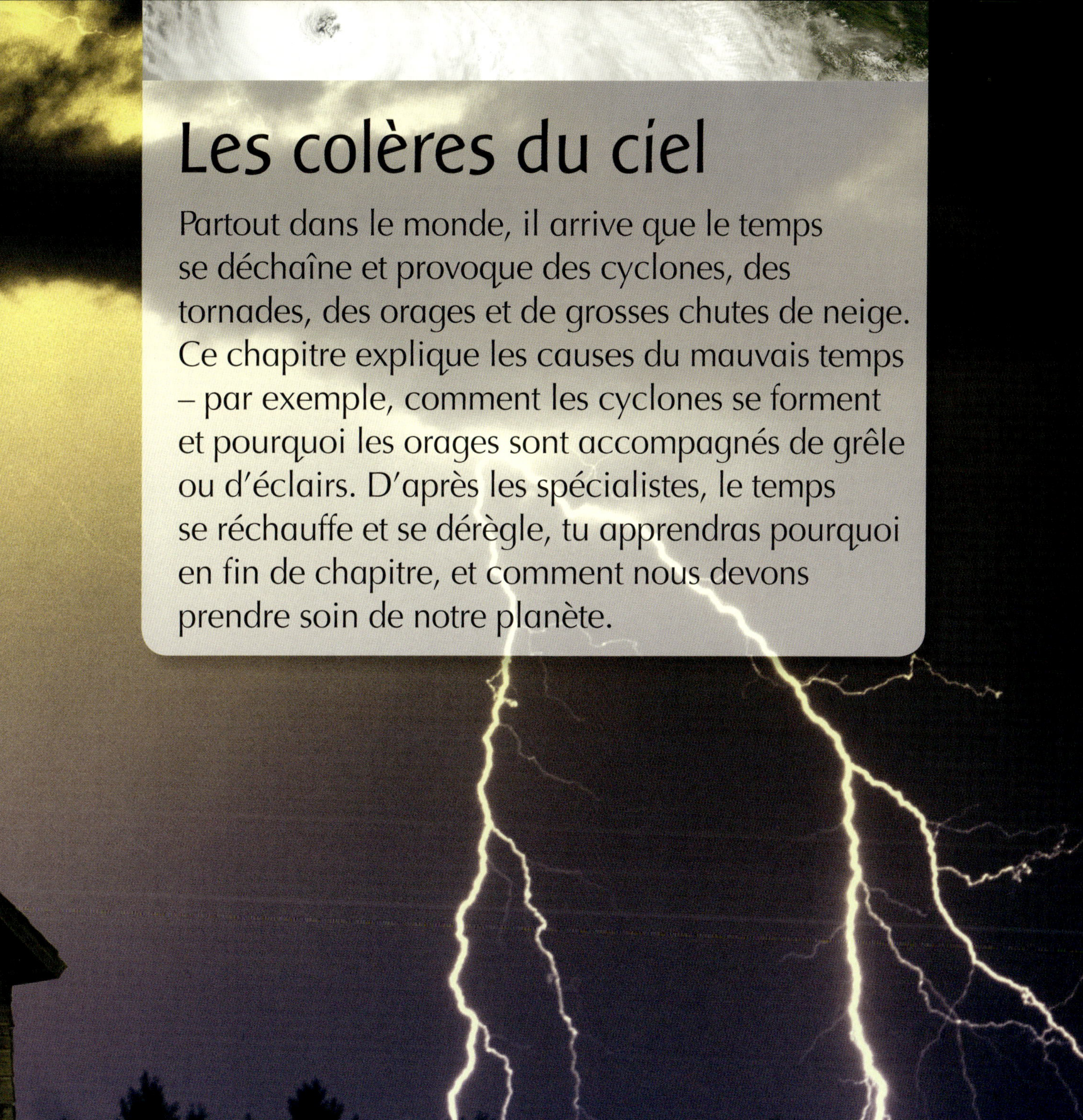

Les colères du ciel

Partout dans le monde, il arrive que le temps se déchaîne et provoque des cyclones, des tornades, des orages et de grosses chutes de neige. Ce chapitre explique les causes du mauvais temps – par exemple, comment les cyclones se forment et pourquoi les orages sont accompagnés de grêle ou d'éclairs. D'après les spécialistes, le temps se réchauffe et se dérègle, tu apprendras pourquoi en fin de chapitre, et comment nous devons prendre soin de notre planète.

Les cyclones

Les cyclones sont d'immenses tempêtes tourbillonnantes accompagnées de vents violents. Ces vents s'enroulent autour d'un « œil » central dit zone de calme. Les cyclones naissent au-dessus des mers chaudes et font beaucoup de dégâts en atteignant les côtes.

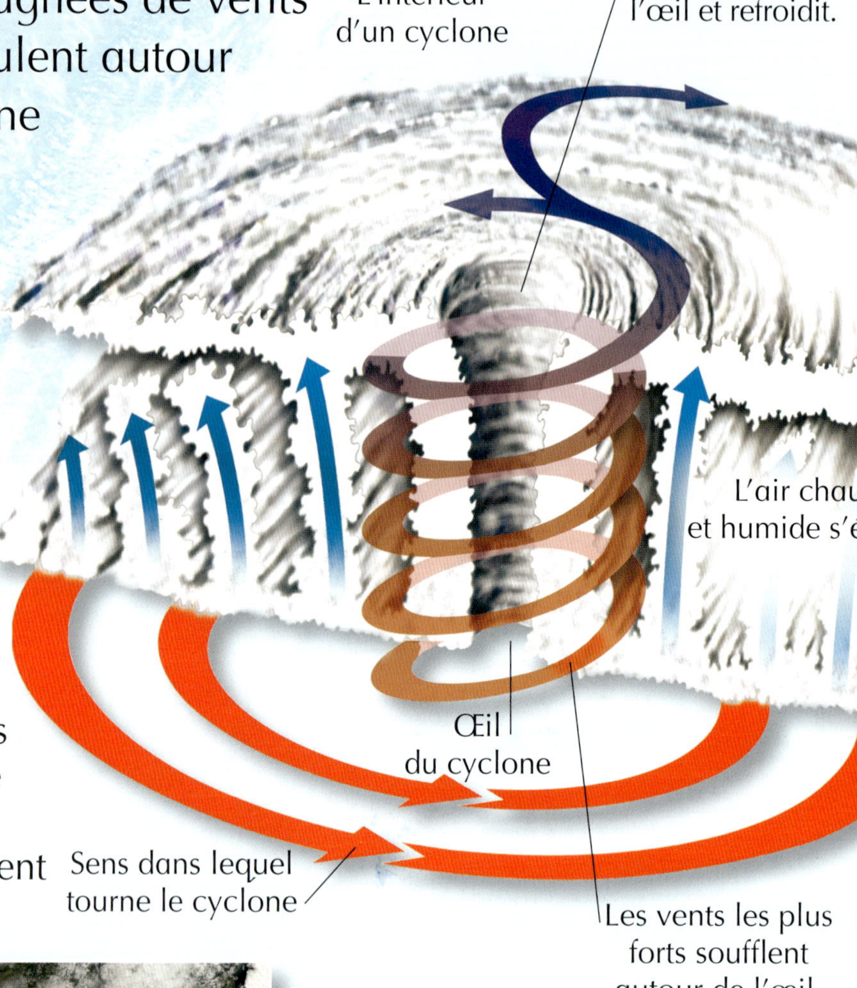

Comment se forme un cyclone ?

Tandis que le Soleil réchauffe l'océan, l'air chaud et humide s'élève pour former des nuages orageux. L'air froid s'engouffre au milieu et redescend. Les nuages orageux se rejoignent et commencent à tournoyer.

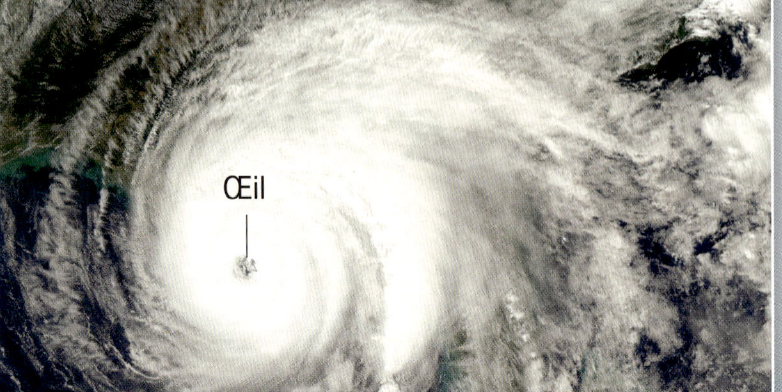

Des nuages en tourbillon

Cette image montre un cyclone vu de l'espace. Au centre, on voit les bandes de nuages s'enrouler autour de l'œil. Les cyclones sont énormes : ils peuvent s'étendre sur 500 à 800 kilomètres.

Des vents violents

Lors d'un cyclone, les vents soufflent à plus de 300 kilomètres à l'heure. Ils peuvent déraciner des arbres. Il est extrêmement dangereux de sortir pendant le passage d'un cyclone.

LE SAIS-TU ?

Les cyclones prennent le nom d'ouragans quand ils se forment dans l'océan Atlantique. Dans l'ouest du Pacifique, on les appelle des typhons.

Une force destructrice

Quand un cyclone atteint la terre, la violence des vents peut détruire des maisons et des immeubles. Ces tempêtes apportent également de fortes pluies et provoquent parfois des inondations.

L'ouragan Katrina

En 2005, un violent ouragan nommé Katrina a frappé le sud des États-Unis. La ville côtière de La Nouvelle-Orléans fut sérieusement inondée. C'est la tempête la plus destructrice qu'aient jamais connue les États-Unis.

Des villes ravagées

L'ouragan Katrina s'est d'abord formé dans l'océan. En atteignant les terres, il a anéanti les villes côtières. Les vents violents ont projeté ce camion dans un arbre. Des bateaux ont même été arrachés à la mer et rejetés sur le rivage.

La montée des eaux

Les vents déchaînés, la mer démontée et les fortes pluies ont provoqué des inondations. Le Mississippi a débordé malgré les digues (hautes bordures) construites justement pour empêcher les inondations. L'eau a ensuite envahi la ville de La Nouvelle-Orléans (Louisiane).

Les flots brisent une digue.

À retenir

- Des vents soufflant à plus de 280 kilomètres à l'heure ont été relevés pendant l'ouragan Katrina.
- Les eaux ont recouvert les quatre cinquièmes de La Nouvelle-Orléans. Les maisons, les magasins et les espaces verts ont été noyés sous 6 mètres d'eau.

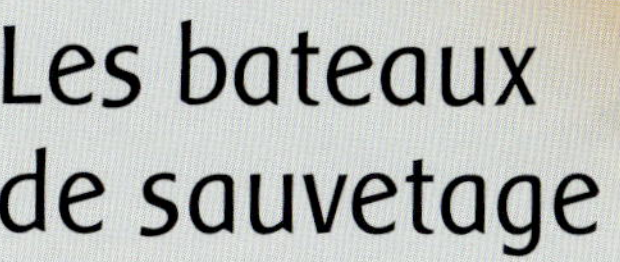

Les bateaux de sauvetage

Les autorités ont ordonné d'évacuer La Nouvelle-Orléans. Des hélicoptères et des bateaux ont secouru les habitants bloqués dans les maisons par les inondations.

LE SAIS-TU ?

L'ouragan Katrina a tué plus de 1 000 personnes. Environ 1 million de maisons ont été endommagées par les vents violents et les inondations.

Le retour à la normale

Quand l'eau s'est retirée, les digues ont été reconstruites et les immeubles endommagés ont été réparés. Il a fallu du temps avant que les habitants puissent regagner leurs maisons. Cette famille n'est revenue qu'en 2008.

Les tornades

Une tornade est une petite tempête particulièrement violente. Son entonnoir d'air tourbillonnant se déplace en zigzag sur le sol en aspirant tout sur son passage. Les tornades naissent au-dessus de la terre ferme, et non en mer.

Le tourbillon en entonnoir peut mesurer 200 mètres de haut.

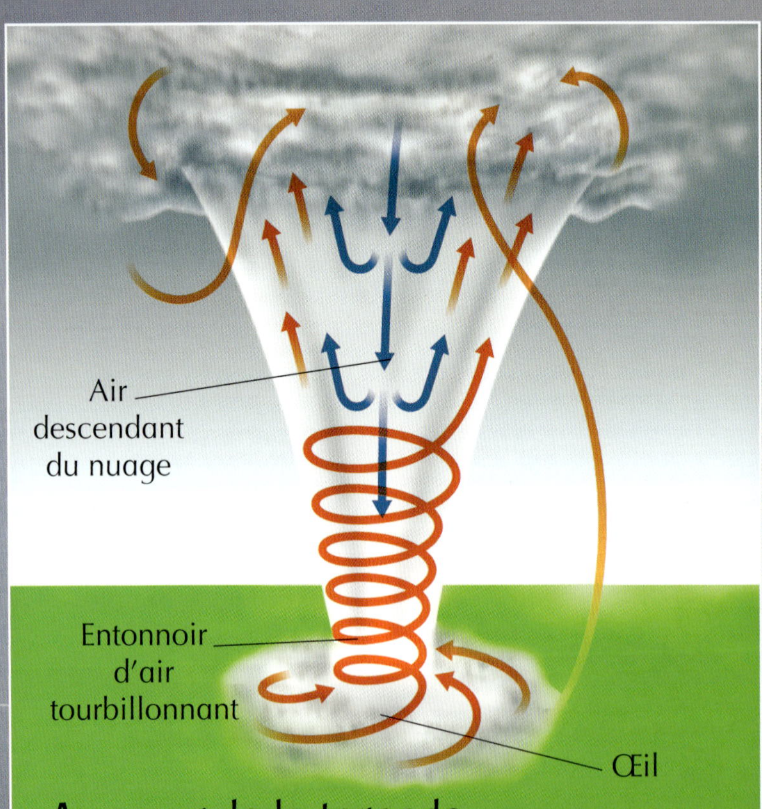

Au cœur de la tornade

Les tornades sont plus petites que les cyclones – moins de 1 kilomètre de large –, mais les vents dans le tourbillon sont plus violents. Comme dans un cyclone, les vents tournent autour d'un « œil » calme.

En forme d'entonnoir

Par temps lourd, de l'air chaud et humide monte en flèche pour former un énorme nuage orageux. Un entonnoir d'air tourbillonnant apparaît sous le nuage. En touchant le sol, il crée une tornade.

Des vents destructeurs

Dans une tornade, les vents sont d'une puissance extraordinaire. La zone de destruction forme une sorte de couloir. Une tornade peut détruire complètement une maison tout en laissant sa voisine intacte.

Les dégâts provoqués par une tornade en Floride (États-Unis), en 2007.

LE SAIS-TU ?

Des vents soufflant à près de 600 kilomètres à l'heure – un record absolu – ont été enregistrés à l'intérieur de certaines tornades.

L'allée des tornades

Les tornades sont fréquentes aux États-Unis. Chaque année, environ 1 000 tornades frappent le pays. La plupart surviennent dans une zone appelée « allée des tornades » (représentée en jaune sur cette carte des États-Unis).

Une tornade crée d'énormes dégâts lorsqu'elle touche le sol.

Ravages d'une tornade

Les tornades ne parcourent qu'une faible distance avant de s'évanouir, mais elles détruisent tout sur leur passage. Parfois, plusieurs tornades se réunissent pour n'en former qu'une. On appelle ce phénomène des tornades à répétition.

Les tornades à répétition

En 1974, 148 tornades se sont formées le même jour. Elles se sont déplacées à travers 13 États américains (voir la carte). Elles ont tué 330 personnes et laissé derrière elles un couloir de destruction de 4000 kilomètres de long !

Les abris souterrains

Quand survient une tornade, le sous-sol est l'endroit le plus sûr. Aux États-Unis, de nombreuses maisons possèdent des abris souterrains dans la cave ou le sous-sol. Les habitants s'y réfugient lorsqu'une tornade est annoncée. Ils n'en sortent qu'une fois le danger passé.

Des dégâts considérables

L'entonnoir de la tornade agit comme un aspirateur géant. Il arrache le toit des maisons et rase les immeubles. Il peut soulever les voitures comme des jouets et les projeter dans les airs.

LE SAIS-TU ?

Les tornades sont capables de déplacer des objets très lourds. En 1931, une tornade a soulevé un train de 80 tonnes, elle l'a fait tournoyer dans les airs avant de le jeter dans un fossé.

Les chasseurs de tornade

En général, les gens font tout pour éviter les tornades. Mais il existe des passionnés : les chasseurs de tornade. Ils aiment observer ces phénomènes de près pour les étudier.

Les tempêtes exceptionnelles

Les cyclones et les tornades ne sont pas les seuls vents tourbillonnants. Des trombes se forment parfois au-dessus des mers ou des déserts. La plupart du temps, ces tempêtes sont courtes, mais effrayantes.

Un nuage de sable soulevé par un tourbillon de poussière.

Les tourbillons de poussière

Les petites tornades qui naissent dans les déserts sont des tourbillons de poussière. L'air tourbillonnant ramasse le sable et le projette jusqu'à 30 mètres de haut. En général, ces tourbillons ne sont pas très dangereux.

L'entonnoir de nuages tourbillonnants entre en contact avec la mer.

Les trombes marines

Quand une tornade atteint la mer, elle provoque une trombe marine. Le tourbillon étroit en entonnoir aspire l'eau et parfois même les poissons.

Il pleut des grenouilles !

Des témoignages parlent d'animaux ou d'objets étranges tombés du ciel. En 1939, une averse de petites grenouilles s'est abattue sur une ville d'Angleterre. Des vents tourbillonnants avaient aspiré les jeunes grenouilles des étangs.

Les tempêtes de sable

Dans les déserts, les vents violents provoquent parfois des tempêtes de sable. Tout le monde court se mettre à l'abri, car l'air rempli de sable fouette le visage. Le vent peut transporter du sable sur des milliers de kilomètres avant de le laisser retomber.

LE SAIS-TU ?

En 1940, une pluie de pièces d'argent est tombée sur la ville russe de Gorki (Nijni Novgorod aujourd'hui). Un tourbillon de vent avait simplement emporté un coffre plein de pièces qui s'était ouvert en dispersant tout son contenu.

Cette tempête de sable au Pakistan a donné au ciel une couleur orange.

Les orages

Notre planète subit environ 2 000 orages par minute. Ces orages peuvent causer de terribles dégâts. Ils se produisent en général par temps lourd, quand l'air chaud et humide s'élève pour former des nuages orageux.

Qu'est-ce que la foudre ?

Dans l'air tourbillonnant des nuages d'orage, les gouttes d'eau se frottent entre elles et créent de minuscules charges électriques. Les charges positives s'installent au sommet du nuage, les charges négatives se regroupent en bas. Si le sol est chargé positivement, la foudre frappe du nuage vers le sol.

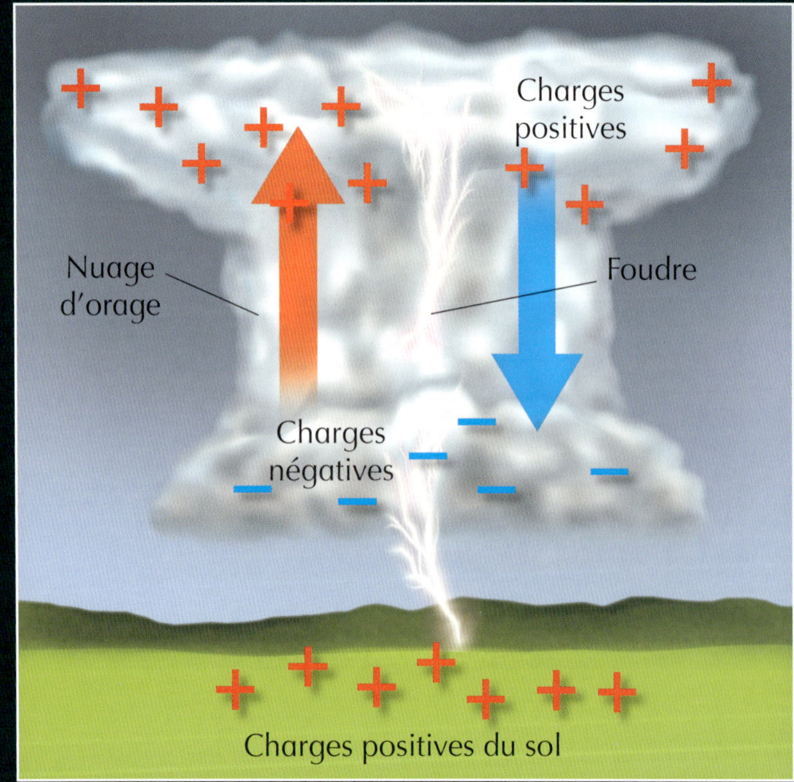

L'électricité statique

L'électricité produite par un nuage d'orage est de l'électricité statique. C'est le même phénomène qui fait dresser tes cheveux sur la tête quand tu les brosses fort !

Les coups de tonnerre

Lorsqu'un éclair surgit dans le ciel, il chauffe l'air jusqu'à atteindre de très hautes températures. L'air explose dans un craquement assourdissant. Comme la lumière voyage plus vite que le son, tu aperçois l'éclair avant d'entendre le tonnerre.

LE SAIS-TU ?

Le son du tonnerre met près de 3 secondes pour parcourir 1 kilomètre. Tu peux donc savoir à quelle distance se trouve l'orage. Compte les secondes entre l'éclair et le tonnerre, puis divise ce chiffre par trois, tu as alors le nombre de kilomètres.

Les incendies de forêt

La foudre peut déclencher des incendies de forêt, surtout par temps sec. En 1988, des incendies provoqués par la foudre ont fait rage dans le parc national de Yellowstone, aux États-Unis. Plusieurs milliers d'hectares de forêt sont partis en fumée.

Les éclairs

La foudre est une gigantesque décharge électrique. Elle prend différentes formes. Parfois, l'éclair surgit dans le ciel, entre les nuages. D'autres fois, il jaillit d'un nuage pour toucher le sol.

Des éclairs frappent une ville américaine (Utah).

Les éclairs diffus

Quand la foudre éclate entre les nuages, elle produit des éclairs diffus. Les étincelles éclairent les nuages de l'intérieur, comme s'ils s'embrasaient (ci-dessus).

Les éclairs fourchus

Quand la foudre jaillit vers le bas et se divise en plusieurs branches, on parle d'éclairs fourchus. La foudre s'oriente ici vers le sol, car il a produit une charge positive.

Frappé par la foudre

La foudre prend toujours le chemin le plus court pour toucher le sol. Les éclairs sont attirés par les points hauts, les arbres ou les grands bâtiments. Il ne faut jamais s'abriter sous un arbre pendant un orage.

LE SAIS-TU ? Un foudroiement peut être mortel. Certaines personnes y ont pourtant survécu, comme le golfeur Lee Trevino qui a été foudroyé pendant une compétition.

La foudre frappe le paratonnerre de ce gratte-ciel, à Shanghai, en Chine.

Le paratonnerre

Les constructions hautes sont souvent frappées par la foudre. Le paratonnerre permet de protéger ces bâtiments. Quand la foudre frappe le paratonnerre, elle suit la tige qui la conduit directement dans le sol.

Moussons, inondations

Dans certaines régions du globe, des vents appelés moussons changent de direction avec les saisons. La mousson d'été apporte ainsi de fortes pluies qui peuvent provoquer des inondations.

Les pluies d'été

Les agriculteurs comptent sur la mousson pour arroser leurs cultures en été. Ces cultivateurs indiens plantent du riz pendant la saison des pluies.

Le renversement des vents

Ce schéma montre les changements de direction de la mousson en Asie. En hiver, les vents qui soufflent du continent vers le sud apportent un temps sec. En été, les vents qui soufflent de l'océan vers le nord apportent de fortes pluies.

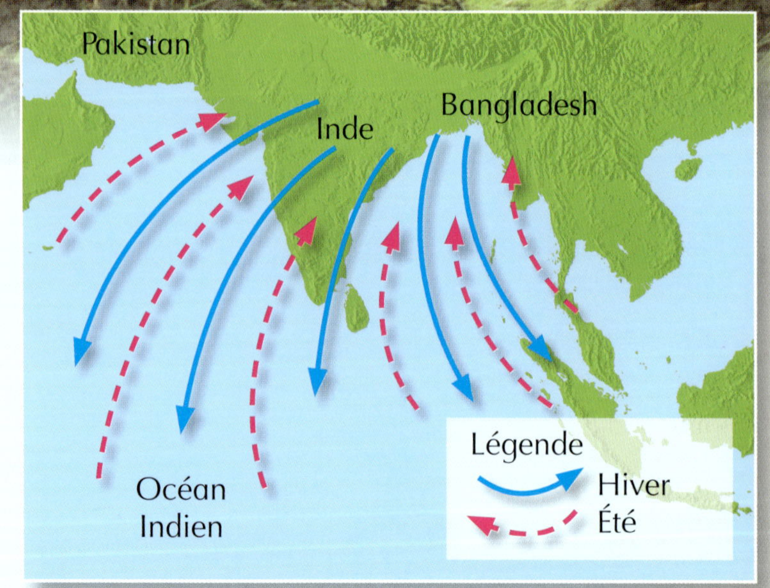

De graves inondations

Les pluies de la mousson provoquent souvent des inondations au Bangladesh, un pays très bas, à l'est de l'Inde. L'eau a envahi ce village du Bangladesh après une forte mousson, en 2007.

LE SAIS-TU ?

En 1900, le port de Galveston, au sud des États-Unis, a été englouti par des inondations lors d'un ouragan. Un mur d'eau a balayé toute la ville quand l'ouragan l'a frappée.

L'onde de tempête

Lorsqu'un cyclone se déplace sur la mer, il aspire de l'eau. Cette accumulation d'eau, appelée onde de tempête, entraîne des inondations quand le cyclone atteint la côte.

Les eaux ont englouti cette ville côtière américaine après un ouragan en 2003.

La neige et le gel

Dans de nombreuses régions du monde, l'hiver apporte des gelées, du verglas et de la neige. Si tu t'habilles chaudement, ce temps froid peut aussi te donner l'occasion de t'amuser !

La neige

Elle se forme dans les nuages où l'air descend au-dessous de 0 degré Celsius. L'humidité des nuages se transforme alors en cristaux de glace qui, mêlés à beaucoup d'air, se rassemblent pour créer des flocons de neige.

Les flocons de neige

Un flocon de neige a six pointes ou six côtés, mais sa forme est toujours unique. Un scientifique a passé 50 ans à étudier les flocons de neige et il n'en a jamais trouvé deux qui soient parfaitement identiques !

Quand il neige, on peut faire faire de la luge.

Le gel

Lorsqu'il gèle, des cristaux de glace apparaissent sur les feuilles, les fenêtres et toutes les surfaces froides. Ce sont des cristaux de givre. Une couche épaisse de givre ressemble à un manteau neigeux.

Les glaçons

Par temps froid, des glaçons pendent parfois des toits, des arbres et des falaises. Ils se forment quand l'eau gèle pendant qu'elle est train de goutter. Si l'eau continue à dégouliner et à geler, les glaçons deviennent de plus en plus longs.

LE SAIS-TU ?

Paradise, dans le parc national du mont Rainier (États-Unis), est l'un des endroits les plus enneigés au monde. Une année, il y est tombé 32 mètres de neige.

La grêle et le blizzard

En hiver, les extrêmes climatiques peuvent être dangereux. Lorsque de grosses chutes de neige s'accompagnent de vents forts, on parle de blizzard. Quant à la grêle, elle tombe des nuages sous forme de boulettes de glace.

Le blizzard diminue la visibilité et rend la conduite des voitures dangereuse.

Les tempêtes de neige

Quand souffle le blizzard, l'air se remplit de tourbillons de neige. Une couche de glace recouvre les routes et les rend glissantes. Les fortes chutes de neige peuvent bloquer la circulation.

La lame de déneigement repousse la neige sur les côtés de la route.

Formation de la grêle

Les vents font parfois tournoyer des cristaux de glace, de haut en bas, à l'intérieur des nuages froids. Quand les cristaux montent et descendent, ils se couvrent de glace et se transforment en boulettes : les grêlons. Ceux-ci deviennent si lourds qu'ils tombent sur le sol.

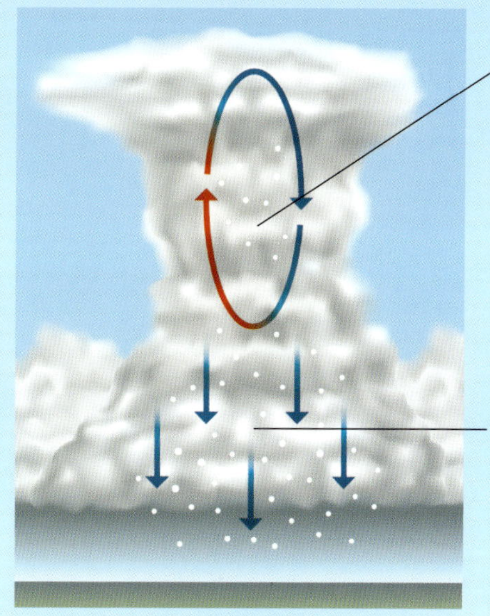

Les grêlons tournent de haut en bas, à l'intérieur du nuage.

Le poids des grêlons les fait tomber sur le sol.

LE SAIS-TU ? Le plus gros grêlon jamais vu est tombé à Aurora, au centre des États-Unis, en 2003. Ce morceau de glace géant mesurait 17 centimètres de large.

La plupart des grêlons ont la taille d'un petit pois, mais certains sont beaucoup plus gros.

Les dégâts de la grêle

Les gros grêlons font beaucoup de dégâts. Des grêlons de la taille d'une balle de tennis peuvent cabosser le toit d'une voiture et casser un pare-brise. Parfois, ils détruisent des cultures.

Trop de neige !

Sous l'effet du blizzard, la neige s'accumule sur les maisons et les branches. Les arbres, les toits et même les câbles électriques peuvent s'écrouler sous son poids. Ce chasse-neige déblaye une route enneigée.

Le réchauffement climatique

Ces dernières années, les colères du ciel sont devenues de plus en plus fréquentes. D'après les spécialistes, cela viendrait du fait que la planète se réchauffe. Ce phénomène serait dû à la pollution.

Les gaz à effet de serre

Dans l'atmosphère, certains gaz retiennent une partie de la chaleur du Soleil. Ils agissent comme la vitre d'une serre, ce sont les gaz à effet de serre. La pollution augmente leur quantité dans l'air et contribue ainsi à réchauffer la planète.

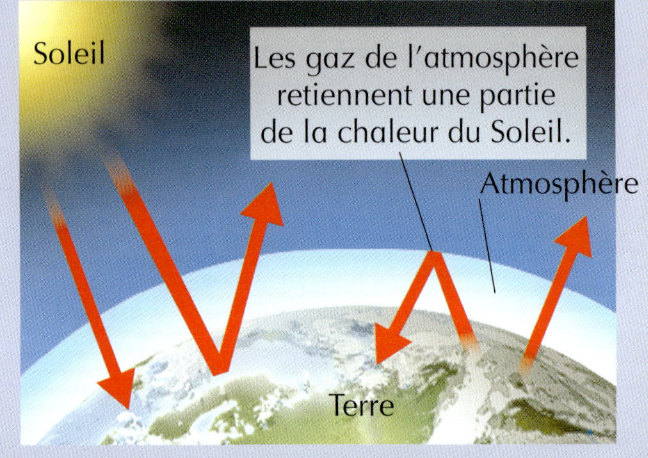

Le réchauffement de la planète

Les centrales thermiques brûlent du charbon, du pétrole et du gaz pour produire de l'énergie. Mais elles rejettent aussi dans l'air des gaz pollués. Ces gaz entraînent un réchauffement de la planète : le réchauffement climatique.

Ces voitures rejettent des gaz brûlés dans l'atmosphère de Shanghai, en Chine.

La pollution des villes

Les voitures, mais aussi les usines, produisent des gaz à effet de serre et polluent l'air des villes. La pollution des grandes villes est très élevée parce que beaucoup de gens y vivent.

LE SAIS-TU ?

La température moyenne s'est élevée de 0,5 degré Celsius au cours du siècle dernier. Les spécialistes pensent que la Terre se réchauffera encore plus vite si nous ne réduisons pas la pollution dès maintenant.

La fonte des glaces

Le réchauffement climatique fait aussi fondre la glace des régions polaires. La glace fondue s'ajoute à l'eau des océans et fait monter leur niveau. Cet ours polaire ne saura plus où chasser et vivre si toute la glace se met à fondre.

Les vagues pourraient engloutir cette île de l'océan Indien si le niveau de la mer s'élève.

La sauvegarde de la planète

Le réchauffement de la planète fait monter le niveau de la mer. Il est aussi responsable des dérèglements climatiques. Nous devons faire en sorte de réduire la pollution qui abîme la Terre.

Le niveau de la mer

Si le niveau des océans continue de s'élever, les villes côtières seront inondées. De magnifiques îles pourraient complètement disparaître. Pour empêcher cela, nous devons réduire la pollution.

Vive le vélo !

Les déplacements en voiture augmentent la pollution. Nous pouvons vraiment améliorer la situation en choisissant d'autres moyens de transport. Nous devrions essayer de marcher, de rouler à vélo, de prendre le train ou le bus pour aller au travail ou à l'école.

Le recyclage

Les déchets en papier, en verre, en métal et en plastique peuvent être ramassés et récupérés par des usines qui les transforment en produits neufs. Cette opération est le recyclage. Ce dernier contribue aux économies d'énergie.

Des déchets prêts à être recyclés.

Économiser l'énergie

Les centrales thermiques qui produisent de l'électricité aggravent le réchauffement climatique. Nous pouvons y remédier en limitant notre consommation d'énergie. Éteignons les lumières, la télévision et les ordinateurs, lorsque nous ne les utilisons pas.

LE SAIS-TU ?

L'utilisation de l'énergie du vent, du Soleil et des cours d'eau peut produire de l'électricité sans créer de pollution. Ce type d'énergies nouvelles est bénéfique pour la planète.

Glossaire

Aiguille
Pointe rocheuse.

Aimant
Pièce spéciale, en fer ou en acier, qui attire le fer ou l'acier vers elle.

Ascendance thermique
Courant d'air chaud qui s'élève.

Atmosphère
Enveloppe de gaz entourant la Terre.

Aurore polaire
Lumières miroitantes que l'on voit dans le ciel nocturne aux pôles Nord et Sud.

Axe terrestre
Ligne imaginaire reliant les pôles Nord et Sud. La rotation de la Terre se fait autour de cet axe.

Biome
Grande région de la surface de la Terre ayant un climat particulier et où l'on retrouve des espèces similaires de plantes.

Branchies
Chez le poisson, parties duveteuses situées près de la tête et utilisées pour respirer sous l'eau.

Carnivore
Qui se nourrit de la chair des animaux.

Cellule
L'un des minuscules éléments dont tout être vivant est constitué.

Centrale hydroélectrique
Endroit où l'on fabrique de l'électricité en utilisant l'énergie des cours d'eau.

Champ magnétique
Espace qui s'étend autour d'un aimant et qui subit son influence.

Climat
Moyenne du temps qu'il fait sur plusieurs années, à un endroit donné.

Combustible
Substance qui, en brûlant, produit de la chaleur et de la lumière.

Combustible fossile
Combustible, comme le charbon ou le pétrole, provenant de restes de plantes ou d'animaux préhistoriques.

Cratère
Sorte de cuvette creusée dans le sol ou au sommet d'un volcan.

Cristal
Minéral ayant une forme régulière avec des facettes plates et lisses.

Croûte terrestre et océanique
Couche dure enveloppant la Terre.

Cyclone
Gigantesque tempête tourbillonnante accompagnée de vents très forts.

Delta
À l'embouchure d'un cours d'eau, étendue plate de vase ou de sable déposés par le cours d'eau.

Digue
Bordure haute construite le long d'un cours d'eau pour prévenir les inondations.

Effet de serre
Effet de réchauffement produit par des gaz de l'atmosphère qui retiennent une partie de la chaleur du Soleil.

Équateur
Ligne imaginaire qui fait le tour de la Terre à égale distance des pôles et qui la sépare en deux parties égales.

Ère glaciaire
Période du passé pendant laquelle le climat de la Terre était beaucoup plus froid qu'aujourd'hui.

Érosion
Usure des roches par des phénomènes naturels.

Éruption
État d'un volcan qui fait jaillir des cendres et de la lave.

Estuaire
Partie du cours d'eau qui atteint la mer.

Évacuation
Action de quitter une région pour fuir le danger.

Faille
Fissure de la croûte terrestre provoquée par le mouvement des roches souterraines.

Flèche
Longue bande de terre qui avance dans la mer.

Fossile
Restes anciens ou empreinte d'un animal ou d'une plante, conservés le plus souvent dans la pierre.

Geyser
Source chaude souterraine, jaillissant dans les airs sous forme de vapeur ou d'eau bouillante.

Glacier
Énorme masse de glace qui glisse lentement de la montagne.

Gravité
Force d'attraction de la Terre, ayant pour effet de faire tomber les objets au sol.

Hémisphère
L'une des deux moitiés de la Terre séparées par l'équateur.

Herbivore
Qui se nourrit seulement de plantes.

Hexagonal
Qui a six angles et six côtés.

Humus
Couche de plantes décomposées couvrant le sol.

Ignifugé
Traité pour résister aux flammes.

Lave
Flots brûlants de roche fondue qui jaillissent d'un volcan lorsqu'il entre en éruption.

Magma
Roche liquide et brûlante qui se forme dans les profondeurs de la Terre.

Manteau
Couche épaisse située sous la croûte terrestre où les roches sont brûlantes.

Méandre
Courbe ou boucle d'un cours d'eau.

Métal
Matière souvent brillante, comme le cuivre ou l'or, qui peut en général être façonnée.

Minerai
Roche contenant du métal.

Minéral
Matériau naturel dur dont sont faites les roches.

Mousson
Vent apportant de la pluie pendant les mois d'été, dans le sud de l'Asie.

Oasis
Point d'eau en plein désert.

Onde de tempête
Masse d'eau se formant sur l'océan au-dessous d'un cyclone.

Orbite
Chemin suivi par une planète lorsqu'elle tourne autour du Soleil, ou par la Lune lorsqu'elle tourne autour de la Terre.

Photosynthèse
Procédé par lequel les plantes notamment captent l'énergie du Soleil pour la convertir en énergie chimique et produire de l'oxygène.

Plancton
Plantes et animaux minuscules qui vivent à la surface de l'océan.

Plaques terrestres
Immenses masses rocheuses qui forment la croûte terrestre.

Pôle Nord
Point le plus au nord de la planète.

Pôle Sud
Point le plus au sud de la planète.

Pollution
Ensemble de tous les corps solides, liquides ou gazeux nocifs pour l'environnement.

Pression atmosphérique
Poids de l'air s'exerçant sur la Terre.

Primitif
Qui est le premier, le plus proche de l'origine.

Recyclage
Action de réutiliser des matériaux comme le verre, le métal ou le plastique, au lieu de les jeter.

Régions polaires
Régions entourant les pôles Nord et Sud.

Savane
Vaste prairie sèche des pays chauds.

Sécheresse
Période pendant laquelle il ne pleut pas.

Sismographe
Appareil servant à mesurer l'intensité des tremblements de terre.

Smog
Brouillard sali par la pollution.

Système solaire
Le Soleil, ainsi que toutes les planètes et les roches qui tournent autour.

Température
Niveau de chaleur ou de froid.

Tempérée
Se dit d'une région où il ne fait ni très chaud ni très froid.

Tentacule
Chez certains animaux, sorte de bras allongé.

Tornade
Entonnoir d'air tourbillonnant qui se forme sous un nuage d'orage.

Tropiques
Régions au climat chaud, situées de chaque côté de l'équateur.

Tsunami
Raz de marée provoqués par un tremblement de terre ou une éruption volcanique.

Vapeur d'eau
Eau à l'état de gaz. L'eau chauffée se transforme en vapeur d'eau. On appelle cela l'évaporation.

SITES INTERNET

Parragon décline toute responsabilité quant au contenu des sites Web mentionnés ci-dessous. En cas de doute, veuillez vous adresser aux organisateurs du site. Il est déconseillé aux moins de 18 ans d'utiliser les sites mentionnés sans le consentement d'un parent ou d'un tuteur.

http://www.esa.int/esaKIDSfr/index.html
Site de l'Agence spatiale européenne réservé aux enfants pour découvrir en s'amusant notre univers, la vie dans l'espace, la Terre.

http://www2.cslaval.qc.ca/cdp/UserFiles/File/previews/mouvements_terre/
Une animation pour comprendre le déplacement de la Terre dans l'espace.

http://www.cieau.com/junior/index.htm
Tout savoir sur l'eau, ses propriétés, son cycle, son circuit.

http://www.curiosphere.tv/ressource/1710-les-volcans
Un site ludique qui explique ce que sont les volcans, d'où vient le magma, la lave et les tremblements de terre.

http://www.mtaterre.fr/
Site de sensibilisation à la protection de l'environnement spécifiquement conçu pour les enfants par l'Agence de l'environnement et de la maîtrise de l'énergie.

Index

N

O

P

Q

R

S

T

V

Y

Z

Crédits photographiques

Illustrations de Art Agency, en particulier de Peter Bull et Mike Taylor. *Tyrannosaurus Rex* (p. 24) de Jon Hughes et Russell Gooday.

Crédits photographiques :
b = bas, h = haut, d = droite, g = gauche, c = centre

Couverture :
Première de couverture : bd Kazuyoshi Nomachi/Corbis, bc Kevin Schafer/Corbis, bg Jenny E. Ross/Corbis, c Bert Envision/Corbis, hd Pixland/Corbis, hc Staffan Widstrand/zefa/Corbis, hg NASA/Roger Ressmeyer/Corbis.
Quatrième de couverture : bg moodboard/Corbis, bc Gavin Hellier/GETTY IMAGES, hg NASA/Corbis, hd Dietrich Rose/zefa/Corbis.
Dos : NASA/Corbis.

1 Digital Vision, 2-3 Dreamstime/Eugene Barzakovsky, 4-5 iStockphoto.com/Jan Will, 6hg Dreamstime.com/Boris Pamikov, 6cg Dreamstime.com/Dmytro Korolov, 6bg Dreamstime.com/Htuller, 6-7h Dreamstime.com/Yakobchuk, 6-7c Dreamstime.com/Wolfgang Amri, 6-7b iStockphoto.com/Andrew Martin, 7hg et bg Dreamstime.com/Gennadij Kurilin, 7hd Dreamstime.com/Stephen Mcsweeny, 7cd Dreamstime.com/Jose Fuente, 7bd iStockphoto.com/Sergey Dubrovskiy, 8-9 Digital Vision, 10-11c NASA, 10 bg Dreamstime.com/Jinyoung Lee, 11hd Digital Vision, 11bd iStockphoto.com/Soubrette, 12bg Dreamstime.com/Jeecis, 13hd Dreamstime.com/Ben Goode, 13bd Dreamstime.com/Stephen Mcsweeny, 15hg Dreamstime.com/Jeanne Hatch, 15cd Corbis/Bernd Obermann, 15cgd Dreamstime.com/Geopappas, 15bd Dreamstime.com/Koskins39, 16-17c Dreamstime.com/Sonya Etchison, 17b Dreamstime.com/Irochka, 18-19 NASA/JPL-Caltech, 19h Corbis/Bryan Allen, 19b Digital Vision, 20h Dreamstime.com/Ivan Cholakov, 20b iStockphoto.com/zbindere, 21b Dreamstime.com/Anthony Hall, 22 Dreamstime.com/Mark Bond, 23h Dreamstime.com/Ismael Montero, 23b Dreamstime.com/Kun Jiang, 25h Corbis/James L. Amos, 26 iStockphoto.com/Brett Hillyard, 27h Dreamstime.com/Joe Gough, 27b Dreamstime.com/Andrew Chambers, 29h Dreamstime.com/Musat Christian, 29b Dreamstime.com, 30h Dreamstime.com/Laurin Rinder, 30b Dreamstime.com/Nikhil Gangavane, 31h Dreamstime.com Dennis Sabo, 31b Dreamstime.com/Dennis Sabo, 32h Dreamstime.com/Maxfx, 32b Dreamstime.com/Roman Krochuk, 33h Dreamstime.com/Anthony Hathaway, 33b Dreamstime.com/Jan Martin Will, 34-35 Corbis/Herbert Spichtinger, 36h Dreamstime.com/Sebastian Kaulitzki, 36b Dreamstime.com, 37h Corbis/Ted Spiegel, 38h Dreamstime.com/Anatoly Tiplyashin, 38b Dreamstime.com/Charles Taylor, 39g Dreamstime.com/Peter Clark, 39d Dreamstime.com/Stephen Finn, 40h Dreamstime.com/David Lloyd, 40b Corbis/Robert Gill, 41h Dreamstime.com/Daniel Haller, 41b Dreamstime.com/Don Mace, 42h Dreamstime.com/David Lloyd, 42b iStockphoto.com/Carmen Martinez Banús, 43d Dreamstime.com/Rafael Laguillo, 43c Dreamstime.com/Andy Butler, 43b Dreamstime.com/Pavel Losevsky, 44h Dreamstime.com/Pancaketom, 44b Dreamstime.com/Jesse, 45h Dreamstime.com/Alexkalina, 45b Dreamstime.com/Aravindteki, 46 Dreamstime.com/Alena Yakusheva, 47h Dreamstime.com/Robert Cocquyt, 47c Dreamstime.com/Vlad Turchenko, 47b Dreamstime.com/David Watkins, 48g Dreamstime.com/Maxim Malevich, 48d Dreamstime.com/Kameel4u, 49h Dreamstime.com/Jerry Horn, 49b iStockphoto.com/Piotr Przeszlo, 50hg Corbis/Visuals Unlimited, 50hd Dreamstime.com/Andreasg, 50b Dreamstime.com/Kirill Bodrov, 51h Corbis/Bettmann, 51b Dreamstime.com/Oleg Fedorenko, 52g Corbis/Karen Michelmore, 52d Dreamstime.com/Ye Liew, 53h Dreamstime.com/Piotr Majka, 53c Corbis/Paul A. Souders, 53b Corbis/Jonathan Blair, 54h Dreamstime.com/Marat Hasanov, 55h Digital Vision, 55bg Dreamstime.com/Nicole Waring, 55bc Dreamstime.com/Evgeny Terentyev, 55bd Dreamstime.com/Paul Butchard, 56g Dreamstime.com/Htuller, 57h Dreamstime.com/Alexandr Klochov, 57b iStockphoto.com/Donna Coleman, 58h Dreamstime.com/Pavel Gribkov, 58b Dreamstime.com/Phil Morley, 59h Dreamstime.com/Nikhil Gangavane, 59b Dreamstime.com/Alena Yakusheva, 60-61 Digital Vision, 62b Dreamstime.com/Sugarfree.sk, 63h Dreamstime.com/Marco Regalia, 63b Corbis/Michael S. Yamashita, 64b USGS/David Wieprecht, 65h Corbis/Jim Sugar, 65b USGS, 66-67 iStockphoto.com/Liz Leyden, 66h OAR/National Undersea Research Program (NURP), 66b Dreamstime.com/Simon Gurney, 67h Dreamstime.com/Keoni Dibelka, 68h USGS/Jim Nieland, 68b Corbis/Gary Braasch, 69h USGS/Lyn Topinka, 69b Dreamstime.com/Samuel Price, 70h Dreamstime.com/Victorpr, 70b Corbis/Sean Sexton, 71h Corbis/Les Stone/Sygma, 71b Corbis/Jacques Langevin/Sygma, 72h Corbis/Keren Su, 72b Dreamstime.com/Hugo Maes, 73h iStockphoto.com/Jeffrey Zavitski, 73b Dreamstime.com/Angela Cable, 74h Corbis/Roger Ressmeyer, 74b USGS/W. Chadwick, 75h Corbis/Les Stone/Sygma, 75b USGS/Gene Iwatsubo, 76 Dreamstime.com/Robert Paul Van Beets, 77h Corbis/Mark Downey/Lucid Images, 77b Corbis/TWPhoto, 78h NOAA/NGDC (National Geophysical Data Center), 78b Corbis/George Hall, 79h Corbis/Bernard Bisson/Sygma, 79b NGDC (National Geophysical Data Center), 80-81h Digital Vision, 80-81b iStockphoto.com/CK Lai, 81hd Corbis, 82h Corbis/Lisbon City Museum/Handout/Reuters, 82b USGS/Ralph O. Hotz, 83h Corbis/Peter Turnley, 83b Corbis/Warrick Page, 84h iStockphoto.com/James Benet, 84b Dreamstime.com/Adam Jastrzebowski, 85h Corbis/Reuters, 85b Dreamstime.com/Rafael Ramirez Lee, 86-87 iStockphoto.com/Vernon Wiley, 88h Corbis/Galen Rowell, 89b iStockphoto.com/Ogen Perry, 90 Dreamstime.com/Marc Johnson, 91h Dreamstime.com/Kevin Walsh, 91b iStockphoto.com/Warwick Lister-Kaye, 92-93 Dreamstime.com/Sascha Burkard, 93b Corbis/Skyscan, 94h Dreamstime.com/Jose Fuente, 94b Corbis/Robert Holmes, 95h iStockphoto.com/Robert Churchill, 95b Dreamstime.com/Jason Maeh, 96h Dreamstime.com/Alessandro Bolis, 96b Dreamstime.com/Andrew Millard, 97h Dreamstime.com/Robyn Mackenzie, 97b iStockphoto.com/Andrew Martin, 98h iStockphoto.com/Danny Warren, 99h iStockphoto.com/Marcella Francescangeli, 99b Dreamstime.com/Joeshmo, 100 Corbis/Steven Georges/Press-Telegram, 101hg Dreamstime.com/Mikel15, 101hd iStockphoto.com/Andreas Glossner, 101b iStockphoto.com/Nick Spannagel, 102h iStockphoto.com/Peter Archibald, 102b Dreamstime.com/Keith Young, 103h iStockphoto.com/Dmitry Pichugin, 103b Dreamstime.com/Jduggan, 104h iStockphoto.com/Ben Blankenburg, 104b Dreamstime.com/Stepanjezek, 105h Dreamstime.com/Mark Breck, 105b Corbis/Martin Harvey, 106-107 Dreamstime.com/Troy Farr, 106b Dreamstime.com/Joy Prescott, 107b Dreamstime.com/Reinhard Tiburzy, 108h Dreamstime.com/Spunky1234, 108b iStockphoto.com/Rey Rojo, 109h iStockphoto.com/Martin McCarthy, 109b iStockphoto.com/Bjorn Heller, 110h Dreamstime.com/Stephen Girimont, 110b Corbis/Arctic-Images, 111b Corbis/Johnathan Blair, 112-113 Digital Vision, 114h iStockphoto.com/Horst Puschmann, 115h iStockphoto.com/Roman Krochuk, 115b iStockphoto.com, 116-117 Dreamstime.com/Laurin Rinder, 116h Dreamstime.com/Laurie Weed, 117h iStockphoto.com/Sandra vom Stein, 117b Corbis/Ariel Skelley, 118h iStockphoto.com/Rob Jamieson, 119h iStockphoto.com/Milos Mokotar, 119b iStockphoto.com/Greg Brzezinski, 120h iStockphoto.com/Gregg Mack, 120b iStockphoto.com/Russell Gough, 121h Dreamstime.com/Ling Xia, 122g Jeff Schmaltz, MODIS Rapid Response Team, NASA/GSFC, 122b Wikipedia.org/Uryah, 123h iStockphoto.com, 123b Dreamstime.com/Jeffrey Banke, 124h Digital Vision, 124b USGS/National Center for EROS/NASA Landsat Project Science Office, 125h NASA, 125b Dreamstime.com/Gert Vrey, 126b iStockphoto.com, 127h iStockphoto.com, 127b iStockphoto.com, 128h Corbis/Annie Griffiths Belt, 129h iStockphoto.com, 129b Corbis/Frank Lukasseck, 130h Dreamstime.com/Pierdelune, 130b Corbis/Ashley Cooper, 130-131c Dreamstime.com/Jhaviv, 131h Dreamstime.com/Aleksejs J., 131b Corbis/Pierre Vauthey, 132-133 Dreamstime.com/Vladimir Korostyshevskiy, 132c iStockphoto.com/Christopher Steer, 133h iStockphoto.com/Tom Grundy, 133c iStockphoto.com/Ian Scott, 134h iStockphoto.com/Edward Todd, 134b iStockphoto.com/Matthew Ragen, 135h iStockphoto.com/Alistair Scott, 135b Dreamstime.com/Olga Lyubkina, 136h Corbis/Hawes Alan/Sygma, 136b Corbis/Next Photo/Sygma, 137h iStockphoto.com/Geoffrey Hammond, 138-139 iStockphoto.com/James Steidl, 140h iStockphoto.com/Michael Braun, 141h iStockphoto.com/Natalia Diakov, 141b iStockphoto.com/Michael Steden, 142-143 Corbis/Rick Doyle, 143h Dreamstime.com/Jesse, 143c Dreamstime.com/Elisalocci, 144g iStockphoto.com, 144b iStockphoto.com/Michelle Reaves, 145h Dreamstime.com/Carolyne Pheora, 146h Edward Simkins, 146-147 iStockphoto.com/Rey Rojo, 147h Dreamstime.com/Nico Smit, 148h NASA, 148b iStockphoto.com/Vera Bogaerts, 149h Dreamstime.com/Wolfgang Amri, 149b iStockphoto.com/Trina Denner, 150g iStockphoto.com/Tammy Peluso, 151hd iStockphoto.com/Adrian Baddeley, 151c Dreamstime.com/Andrea Leone, 151b Dreamstime.com/Ian Scott, 152b Corbis/Douglas P. Wiilson/Frank Lane Picture Agency, 153h Corbis/Bob Gomel, 154c iStockphoto.com/Chris Zwaenepoel, 155h Dreamstime.com/Kiminnb, 156h Corbis/Ralph White, 156b OAR/National Undersea Research Program (NURP)/Woods Hole Oceanographic Inst., 157b Corbis/Ralph White, 158h Dreamstime.com/Pete Favelle, 158b Corbis/Tim Davis, 159b Corbis/Bettmann, 160h iStockphoto.com/Luis Pedrosa, 160b Corbis/Michael Freeman, 161h iStockphoto.com/Patricia Hofmeester, 161b Digital Vision, 162h Corbis/Bettmann, 162b iStockphoto.com/Kenneth C. Zirkel, 163h Corbis/Stephen Frink, 163b Dreamstime.com/Tatiana Edrenkina, 164-165 iStockphoto.com/Hans F. Meier, 166h Digital Vision, 167h Corbis/Nawang Sherpa/Bogati/ZUMA, 167b Dreamstime.com/Elena Elisseeva, 168h Dreamstime.com/Robyn Mackenzie, 168-169b Dreamstime.com/Eugene Barzakovsky, 169h iStockphoto.com/Barry Crossley, 169b iStockphoto.com, 170hg Dreamstime.com/Elena Schweite, 170hd Dreamstime.com/Aleksandr Ugorenkov, 170b Dreamstime.com/Millan, 171h Dreamstime.com/Paula Stephens, 171b Dreamstime.com/Boris Pamikov, 172h Dreamstime.com/Johann Helgason, 172b Dreamstime.com/Danijel Micka, 173g Dreamstime.com/Kurt, 173d Dreamstime.com/Dageldog, 174-175 Dreamstime.com/John Wollwerth, 174c Dreamstime.com/Kmitu, 175h iStockphoto.com, 175b iStockphoto.com/David Cannings-Bushell, 176-177h Dreamstime.com/Oleksandr Staroseltsev, 176b Dreamstime.com/Demydenko Myhailo, 177h Dreamstime.com/Yakobchuk, 177b Dreamstime.com/Jorge Salcedo, 178b Dreamstime.com/Douglas Hall, 179hd Dreamstime.com/Jörg Jahn, 179b Dreamstime.com/Dmytro Korolov, 180h Dreamstime.com/Viktor Ostashevskyy, 180b Dreamstime.com/Carolyne Pehora, 181h Dreamstime.com/Kjuby, 181b iStockphoto.com/Daniel Stein, 182g Dreamstime.com/Paul Moore, 182-183 Dreamstime.com/Roger Degen, 183h Dreamstime.com/Don Mace, 183c Corbis/Howard Burditt/Reuters, 184-185 Dreamstime.com/Vova Pomortzeff, 185h Dreamstime.com/Dmytro Korolov, 185b Corbis/Philippe Lissac/Godong, 186-187 iStockphoto.com/Sergey Dubrovskiy, 186b Corbis/Nik Wheeler, 187h Corbis/Wolfgang Kaehler, 187b iStockphoto.com/David P. Lewis, 188hg Dreamstime.com/Armin Rose, 188b Dreamstime.com/Millan, 189h iStockphoto.com/Lisa F. Young, 189b Dreamstime.com/Miflippo, 190-191 Corbis/Carson Ganci/Design Pics, 192b Jacques Descloitres, MODIS Rapid Response Team, NASA/GSFC, 193h Corbis/Daniel Aguilar/Reuters, 193b Melissa Ann Janssen/FEMA, 194h Marvin Nauman/FEMA, 194b Jocelyn Augustino/FEMA, 195h Bob McMillan/FEMA, 195b Mark Wolfe/FEMA, 196-197 Corbis/Eric Nguyen, 197h Mark Wolfe/FEMA, 198b John Plisich/FEMA, 199h Andrea Booher/FEMA, 199b Corbis/Jim Reed, 200-201 iStockphoto.com/Christopher Walker, 200h iStockphoto.com/Vladimir Kondrachov, 201hg Dreamstime.com/Erik Lam, 201hd iStockphoto.com/Alexei Zaycev, 201b Corbis/Nadeem Khawer/epa, 202b iStockphoto.com/Mark Rose, 202-203h Digital Vision, 203b National Park Service, 204h Dreamstime.com/Alexander Zhiltsov, 204b iStockphoto.com/Michael Madsen, 205h iStockphoto.com/Lars Lentz, 205b Corbis/Reuters, 206h Corbis/Reuters, 207h Corbis, 207b Crystal Payton/FEMA, 208h Dreamstime.com/Gennadij Kurilin, 208-209 Dreamstime.com/Kathy Wynn, 209h Dreamstime.com/Anna Chelnokova, 209b Dreamstime.com/Georgy Pchemyan, 210h iStockphoto.com/Silvia Jansen, 210b iStockphoto.com/Rick Hinson, 211c Corbis/Jim Reed, 212b Digital Vision, 213h Dreamstime.com/Bertrandb, 213b iStockphoto.com/Jan Will, 214h Dreamstime.com/Kanu Suguro, 214b iStockphoto.com/Ana Abejon, 215g Dreamstime.com/Showface, 215d Dreamstime.com/Lukasz Fus.